JN025710

John L. Hennessy / Noriko Takiguchi

ジョン・L・ヘネシー 著

アルファベット会長 スタンフォード大学名誉学長

瀧口範子 訳

スタンフォード大学名誉学長が教える

Leading Matters: Lessons from My Journey

本物のリーダーが大切にすること

ダイヤモンド社

LEADING MATTERS

by

John Hennessy

はじめに

〝名声は、自分が持てる最高の宝石だと知るがいい。それは火のようなもので、いったん点ければそれを保つのは難しくない。しかし、一度消してしまうと、再び灯すには骨が折れる。良い評判への道は、自分が望む姿になるように努力することだ〟

ソクラテス言とされる（確実な出所はない）

自分の計画通りに人生を歩む人など、ほとんどいない。それでも幸運に恵まれてきたのならば、それはよいことだ。私の人生は、まさにそうだった。

ある意味で、私は自分の夢を生きてきた。高校時代のガールフレンドのアンドレアとは、結婚して今も一緒だ。ふたりの素晴らしい息子にも恵まれた。人生のほとんどをコンピュータ分野での仕事に捧げてきたが、これはまだ高校生だった頃に見出した情熱で、世界有数の偉大な大学で40年も教授を務めたのは、学部生だった頃に目指そうと決心した生き方だ。

25歳の時、スタンフォード大学電気工学科で助教授のポジションのオファーを受けた際には、夢が叶ったと思った。オファーには即答した（報酬はベストではなかったが)。伴侶を選んだことと、このオファーにイエスと答えたことは、私の人生における最良のふたつの決断だ(ベストな順に)。

もし当時、私の人生の計画は何かと問われたら、そのまま仕事を続け、数十年後にリタイアするまでに教育や研究でいくつかの賞をもらい、重要な論文を何本か書き、特許もひとつ、ふたつ取って、名誉教授になることと答えただろう。

夢としては十分に魅力的で、そんな人生であっても喜んでいたはずだ。実際、40年経った今でも教壇に立ち、研究について精力的な議論に没頭するのは好きだ。しかし、よく言われるように、いろいろなことが起こるものだ。起業家になるという、計画も予期もしなかったことが起こって、人生の旅が方向転換し、過去25年間携わってきた一連のリーダーシップのポジションにたどり着くことになった。

本書は、教授として、そして起業家としての最初の数年と、何よりも25年というリーダーシップの旅の中で私が学んだ教訓について記したものである。ここに出てくる物語では、私にとって何がうまくいき、時に何がうまくいかなかったのかを詳しく語っている。教訓のいくつかは、ビジネス界、アカデミア、そして非営利組織のいずれかに直接関わるものだが、どの状況であっても当てはまる側面がある。同様に、私の経験も初歩レベルのリーダーから全機関を率いるものまでとさまざまだが、学んだことのほとんどは、どのレベルのリーダーシップにも通用するものだ。ただし、大きな組織のトップにあると、危機は大きくなり、襲ってくるスピードも速い。それでも、問題やそれに対処する方法は似ている。

偉大なリーダーになるための決まった方程式はない。また、当たり前で伝統的なものを超えた示唆もそれほどない。そこで、私の旅をかたどったリーダーシップの10の要素について考えを述べ、その特質と転換点でどう糧にしたのかを、一連の物語で説明したい。この考察が読者の皆さんのリーダーシップの旅に役立つように願っている。

そこに飛び込む前に、私のバックグラウンドについてもう少し述べておきたい。私がスタンフォード大学へやってきた1977年当時、シリコンバレーも情報化時代もまだ若かった。インテルはまだ主にメモリーチップを製造する、さほど大きくない会社だった。パーソナル・コンピュータ、インターネット、ワールド・ワイド・ウェブ、そして携帯電話はまだ発明されていなかった。

私は教えることと、VLSI（超LSI）とマイクロプロセッサの出現に焦点をあわせた研究でキャリアをスタートさせた。ふたつのスタートアップ――特に重要なのは、ジム・クラークが創設したシリコン・グラフィックスだ——に関わった経験があったが、自分自身の目は、しっかりとスタンフォード大学でのキャリアに向けられていた。

第２章「真正（オーセンティック）であることと信頼」で述べるように、私のキャリアの軌道を変える大きなステップとなったのは、スタンフォード大学で１９８１年から１９８４年にかけて行った研究に基づいて会社（ＭＩＰＳコンピュータ・システムズ）を共同創設したことだった。

大学を休職して立ち上げに全力を傾け、休職期間が終わった後もコンサルティングで夏のかなりの時間を同社に費やした。何度もＭＩＰＳに留まるべきかと考えを巡らしたが、教室や研究で学生たちとともに過ごせなかったことは本当に残念で、その後はスタンフォード大学を自分の本拠とした。

ＭＩＰＳの創設から成功裏にＩＰＯを果たすまでの５年間が私を変えた。同社で何度も危機に直面した末、そうした挑戦にうまく対処できるようになったと感じたのだ。さらに、少人数の意志の固いチームが、新しい企てをスタートさせることで世界を変えられるのを目にして、私の学科や学部（工学）、そして大学も世界にもっと大きくポジティブなインパクトをもたらすことができると野心を持つようになった。

普通に教授職に戻ることもできたはずだ。個人の貢献として、これ以上に高貴でやりがいのある仕事はない。それなのに、私はそこから20年以上続くリーダーシップの旅に踏み出したのだ。

最初は、リーダーシップとはいえ、求められるのは大したことではなかった。私の任務は、コンピュータ科学と電子工学の教員が15人ほど関わる学際的な研究室であるコンピュータ・システム・ラボラトリーのディレクターだった。そこでは、新しい同僚となる優れた人材を見つけてリクルートしたり、彼らがスタンフォード大学でのキャリアを始めるのをメンタリングしたりサポートしたりするのを楽しんだ。1994年、私はスタンフォード大学のコンピュータ科学科長になるように依頼されたが、教壇に立ったり、わくわくするような仕事をする研究グループを率いたりすることは継続できた。

その2年後、工学部長に任命された。任務は、これまでよりずっと広がった。それまで35人だった教員数が250人以上になった。しかし、同僚は皆エンジニアなので、共通した語彙を用い、成功も似た方法で測った。

この仕事は大好きだった。妻も、たくさん経験した職の中でこれがベストだったと、今でも言う。なぜか？　それは、教員全員を知っていて、彼らがどんな研究をしているのかについてある程度は理解し、新たに雇用する教授には一人ひとり挨拶ができ、それでいて毎年授業を1コマ教え、博士課程の学生数人のアドバイザーを務めることができたからだ。

こうしたすべてが、それから3年後の1999年に変わった。スタンフォード大学のゲルハルト・キャスパー学長が、コンドリーザ・ライスの後任としてプロボスト（学長補佐役）になってほしいと言ってきたのだ。プロボストとは、大学のCOO（最高執行責任者）に当たるものだ。私は驚いた――そして少し心配した。本書で説明するが、この職務を引き受けるのは大きなステップだった。

数ヶ月後、驚いたことにキャスパー学長は、始まったばかりの新学年をもって退任する意向を発表した。私は、キャスパー学長と親密に仕事をし、大きな機関にとっての挑戦とは何かということに焦点をあわせ、工学部以外の同僚たちから学ぶ機会ともしていた。

要は、私はまだ新しい仕事のコツを学習している最中だったのだ。だというのに、10月から3月にかけて広範囲で行われた人材採用調査や、サーチ委員会が度重なるミーティングをした挙句、理事会は私に2000年秋からスタンフォード大学の10代目学長に就任してほしいと言ってきた。

精査した上でのことだろうが、私はいくらか仰天し、少々どころでない恐怖を感じた。私はまだ47歳で、大きな機関における上級管理職の経験は短く、巨大な官僚組織を操縦するための知識は限られていた。皆をがっかりさせるのではないかと心配した。それでも、私のために多くを与えてくれた機関をさらに高めるというチャレンジに魅了されたことも確かだ。自分のスキルに対する謙虚さと、ファクトに対する科学者的な尊敬、そして一流のチームがあれば、成功を収めることができると期待したのだ。

シリコンバレーでの経験を持ち、友人と呼べる数人のスタンフォード大学の同僚がいたが、キャスパー学長と理事会の何人かのメンバー以外には、私はアドバイスを仰げるような上級管理職をあまり知らなかった。そこで、優れた研究者にならって、リーダーシップ関連の本を読み始めた。特に、偉大なリーダーの伝記から、彼らがどのように成長し、他者と働き、逆境を生き抜いたのかを知ろうとした（こうした本のリストは、巻末で参照されたい）。また、知的な好奇心を持ち続けて、科学技術を超えた人文科学、社会科学、医学、アートにまで自分の関心を広げようと決意した。

大学の学長として私は成功したのだろうか？　その過程で偉大なリーダーになったのだろうか？　我々のチームは、偉大な大学をさらに向上させることができたのだろうか？

プロボストのジョン・エッチェメンディと私は、成功を計測する最も重要な方法は、人の質、つまり大学そのものである教員と学生の質だと考えた。新校舎がどれだけ増えたかとか、寄付金をどれだけ集めたかといった簡単な物差しと比べて、これは測りづらいものだ。

任期を終える前の２０１６年8月には、教員と学生の質を測るほとんどの評価（たとえば、ランキング、倍率、合格者のうち実際に入学した学生の率）において、スタンフォード大学は世界の最良の大学と肩を並べていた。加えて、学際的研究と教育でもリーダーシップの地位を築いていたが、これはプロボストと私が任期の最初にゴールと定めたものだった（第7章「イノベーション」を参照）。16年にわたって我々ふたりは一緒に仕事をした。それはアメリカの大学の学長の平均任期のほぼ2倍だが、この長さがこうした成果をあげるキーとなった。

本来ならば、物語はここで終わっていただろう。スタンフォード大学を運営するという挑戦的でインパクトのある仕事を、ほんの少しでも上回るような何ができるというのか？　すでにグーグルやシスコ、重要な財団の理事にも就いている。それだけでも十分だが、それに授業をいくつか教えれば、思いがけない私のキャリアを閉じるのにぴったりな終章となるはずだ。

そう思っていた時に、とても驚いたことが起こった。次世代の世界的リーダーを育成しなければならないと、私が思いふけっていたことが、アメリカで最も偉大なビジネスリーダーのひとりであるナイキの創設者フィル・ナイトの援助によって、いきなり実現されることになったのだ。ふたりでスタートさせたナイト＝ヘネシー奨学生プログラムは、１世紀以上前に始まったローズ奨学制度以来最も野心的な企てとなる。

ナイト＝ヘネシー奨学生プログラムは、教員であり起業家であるという私のルーツを掘り起こすものだ。ゼロからプログラムを始め、未来の世界的リーダーを育てるために、才能溢れる若い奨学生のグループに何を教えればぴったりなのかに考えを巡らせている。

言うまでもないが、優れた科学者にならって、私はこの問題について自分を教育し始めた。自分の図書棚の古い友人たちを再訪した。この20年間、私の友人や知人になったリーダーシップの成功者にも話を聞いた。そして、優れた組織のリーダーとしての自分自身のキャリアも初めて振り返った。

そこから私が発見したのは、よくリーダーシップにおいて語られることとはかなり違った――時に反直感的ですらある――ものだった。効果的なリーダーシップが持ついくつかの決定的要素も見え始めた。原則に基づいた強い基礎、その原則を守る揺るぎなさ、機関を次のレベルへ転換させるための一連の方法論などだ。

本書の最初の4章は、謙虚さ、真正さ、奉仕、共感という基礎について述べた。そのいくつかは、サーバント・リーダーシップ（支援型リーダーシップ）にかかわるものとされるが、私の目から見ると、これらは組織を転換させるタイプのリーダーシップにとって決定的に重要なものだ。[1]

第5章の「勇気」は、これらの原則を機関の変革を達成するための方法と結びつけるものだ。勇気とは、偉大なリーダーの特質でもあり、困難な時期に実践することが求められるものでもある。[2] 勇気は、それが難しい時にも正しい道を歩み続け、必要となれば、突然進路を変えることも可能にする。勇気は、リーダーシップの基本的原則と組織のコア・ミッションに支えられたものなのだ。

後半の5章では、優れた機関をさらなる高みに進めるための転換的な変革を生み出そうと用いた方法を説明する。大学の未来のために、どのようにビジョンをつくり出したか、それを達成するためにスタンフォード大学のコミュニティの全員をどう引き込んだのかを語る。ここでは、コラボレーション、イノベーション、知的好奇心、ストーリーを語ること、そして永続する変化を生み出すことに焦点をあわせた。

100年以上の歴史を持つ機関を変革するためには、人を動かすようなビジョンや、そのビジョンを遂行する意志の固いチーム、そして変革が長く続くようにするステップが必要だ。最初の4章に書かれた基本的なリーダーシップの原則が、スタンフォード大学のために描いた野心的計画を生み出し遂行するのに必要だとすれば、私は、後半の5章で述べるリーダーシップの方法によってゴールを達成しようとした。

スタンフォード大学の外に目を向けると、フィル・ナイトと私はともに、政府、企業、非営利組織においてリーダーシップの危機がますます大きくなっていることを深く懸念していた。国家の崩壊から市民戦争、飢饉、貧しい発展途上国で私腹を肥やす独裁者、外国人嫌悪、人種差別まで、政府の危機は明白だ。

ビジネス界でも、古くはエンロンとワールドコム、最近ではウェルズ・ファーゴやフォルクスワーゲンなど、リーダーシップが企業を道に迷わせた例は枚挙にいとまがない。非営利組織も危機と無縁ではなく、単科大学や総合大学の運動競技組織はスキャンダルまみれで、高く掲げられた彼らの教育ミッションと何と対照的なのだろうか。

政府であろうと、企業、非営利組織であろうと、こうした問題の多くはリーダーシップの基礎が脆弱なために生まれてくる。リーダーたちは、自分が仕える組織、従業員、顧客の幸福よりも自分の利益を優先しているのだ。

査定は難しいものの、それよりもっと一般的なのは、必要な変革を進めながら組織をリードするとはどういうことかが、うまく理解されていないことだ。世界はますます急速に変化している。組織の基礎がどれほど強固で、どれだけ長い歴史があろうとも、21世紀を通して繁栄し――そして奉仕するのならば――、どの機関も自らを刷新しなければならないのだ。

どうすればリーダーシップを正せるのだろうか？　本書を書いた理由のひとつは、私が発見したことを読者と、そして私が去った後の研究者やナイト＝ヘネシー奨学生たちと共有することだ。

だが、まずは自分のために書いた。それは、リーダーシップについて（時には痛みを伴いながら）得た知識を整理し、自分のキャリアでキーとなった出来事を、距離を置いて違った視点から見るためだ。何よりも、変化を遂げる21世紀のリーダーシップの性質について対話を始めるためだ。その対話は、ナイト＝ヘネシー奨学生プログラムのカリキュラムに、何らかの形で参考となるだろう。

読者の皆さん、この本は全く違った夢に向かって歩み始めたものの、実際の道のりは困難であるとともに、極めてやりがいのあるものだったという男からの贈り物である。あなたの旅もまた同じように、いくらか予測不能なところはあっても、幸福に満ちたものでありますように。

スタンフォード大学名誉学長が教える
本物のリーダーが大切にすること　目次

はじめに　001

第1章
謙虚さ
リーダーシップの基本となるもの

「真の自信」はどこから生まれるか？　026
「本物のリーダー」が持つふたつの考え方

「助けを求めること」から謙虚さを学ぶ　029
私は組織の「エンジン」ではなく「道具」だった

「謙虚さ」が世界を動かす　031
ジム・クラークの友人であることを誇りに思ったエピソード

「難しい経験」が私をリーダーとして成長させた
「謙虚さ」を手に入れるという幸運……038
他者の利益のために野心を燃やす
「謙虚さ」と「野心」を共存させる唯一の方法……041
過ちを認める勇気を持つ
自分の成長の礎となるもの……043

第2章 真正であることと信頼

リーダーシップに欠かせない本質的な要素

リーダーの成功に欠かせない要素
「真正さ」は「高潔さ」よりも難しい……048
「なりたい自分」は実践によって実現される
何者かになるということ……050
「難しい仕事」にどう立ち向かうか
真正かつ正直であることは難しい……053
組織を率いるのは短距離競走ではなくマラソンだ
真正さが、リーダーに不可欠である理由……055

目的の遂行に「完全にコミット」していると示す
外部関係者と信頼関係を築くには……058

「真正なリーダーシップ」とは何か？
成長と理解へと歩む旅……065

第3章

奉仕としてのリーダーシップ

誰が誰のために仕えるのかを知る

「組織の生産性」が最大になるように支援する
リーダーシップとは奉仕である……074

スタンフォード大学初代学長の言葉から生まれた問い
あなたは、誰に仕えているのか？　長期的な視点から捉える……078

リーダーはほとんどの依頼に「ノー」と言わなければいけない
奉仕するリーダーが検討すべきこと……082

「創造性」と「コミットメント」があればミッションを拡張できる
「組織による奉仕」はミッションのひとつ……085

「奉仕の心」を植えつける
スタンフォード大学が目指すゴールとは？……092

自分が誰に仕えているか「リマインド」する
スタンフォード大学に奉仕する人たちを知る……096

第4章

共感
リーダーと組織を形づくるもの

共感は「毒」にも「薬」にもなるもの
感情と理性の正しいバランスを見出す……100

パーソナルな共感と組織的な共感
「共感の性質」を見極める……102

どこにリソースを注ぐのかを決断する時の指針となるもの
共感とは「学習の機会」である……107

スタンフォード大学は低所得層の学生とどう向きあったか？
共感と公平性をどうバランスさせるか……109

「問題のある人物」を解雇する時にはどう伝えるか？
チームに対する共感……113

仕事がなくなる時代に人間だけができること
洞察ある共感とは？……115

物事を正しく方向づけたいという欲求を育む
未来のリーダーの中に共感を養う……117

第5章

勇気
組織とコミュニティのために戦う

「恐怖を感じる状況」でも正しい行動を起こさないといけない
「勇気」と「勇敢さ」は似ているが違う……122

困難な時期には「自分の役割」を見直す
「コアのミッション」を忘れるな……124

成功が約束されていなくても挑戦を続ける意志を持つ
コミュニティに必要とされれば、身を差し出せ……128

最後には「自分たちの決断を守り通す方法」を見つけなくてはならない
勇気とは時に「足を踏ん張ること」を意味する……135

「手を引く」こともまた勇気を必要とする
思慮深くリスクに挑め……141

第6章 コラボレーションとチームワーク

何事もひとりではできない

すべてのチームメンバーは「対等」である
リーダーが「一番偉い」と考えてはいないか？……152

「思慮ある議論」が起こる仕事環境をつくる
「優れたチーム」をつくる方法……156

パートナーを「尊重」し「信頼」する
コラボレーション成功のカギは「自分の役割」を知ること……160

「常識を超えた発想」で理想のコラボレーションを実現する
偉業を成し遂げるためにコラボレートする……164

私は「理事会」とどのように関わったか
上司とコラボレートする……168

正しくチームリーダーを選び、いつでも手助けしろ
自分の後継者を信頼する……171

自分の間違いを認めて他の機会を探す
うまくいかなかったコラボレーションはどうするか？……175

「チーム全員が必要な存在だ」としっかり伝える
成功を分かちあう……178

第7章

イノベーション
産業やアカデミアを成功に導くカギ

ビジネスとアカデミアは異なる方法で動いている
「生きる」とはイノベーションをし続けるということ……182
産業界ではなくスタンフォード大学だからできたこと
イノベートすることの自由……183
スタートアップは「偉大な発見」から始まる
イノベーションが持つ性質とは？……186
アカデミアと産業界は互いを必要としている
イノベーションにおけるパートナーの存在……188
スタンフォード大学が起業家の中心地である理由
どう「相乗作用」を起こし、どう「研究成果」を移転させるか……191
「周到な計画」はセレンディピティを阻害する
どうやってイノベーションへと導くか？……194

重要な洞察は「アウトサイダー」から得られる
戦略によるイノベーション……199
大きな取り組みでは急いではいけない
戦略をつくり上げる……204

第8章

知的好奇心
生涯学習者となることは、なぜ重要か

「重要なポジション」にあっても学びを止めてはいけない
優れたリーダーでいるために必要なこと……208
私は母が誇りに思えるような人生を歩もうとしてきた
読書はギフトである……211
優れたリーダーは失敗を成功に転換させるために戦う
他者の体験から学ぶこと……213
本が私を育ててくれた
私のライブラリー……221

第9章
ストーリーを語る
ビジョンを伝えるために

ナイト＝ヘネシー奨学生プログラム設立にあたって
フィル・ナイトからの条件 …… 224

ファクトや数字よりも大切なもの
心から関わること …… 229

豊かなストーリーが溢れるスタンフォード大学
ビジョンからストーリーを紡ぎ出す …… 231

リーダーにとって必要不可欠なスキルとは？
ストーリーはビジネスの世界でも有効 …… 236

常に新しいストーリーを追いかける
リーダーとしてストーリーの収集を心掛ける …… 238

第10章
レガシーとは
後世に残せるもの

偉ぶらず、他者の賞賛に任せよ
未来にまで続くものを打ち立てる …… 246

限られた自分の時間、エネルギー、リソースを守る
大事なことにフォーカスする …… 247
自分の行動は想像を超えたずっと向こうにまでつながっている
「あなたの役割」が「あなたのレガシー」を形づくる …… 251
「レガシーの解釈のされ方」は時間とともに変化する
レガシーは時間をかけて形づくられる …… 254
自分のレガシーに人間がこだわるふたつの理由
他者がレガシーをつくる手助けをする …… 257
リソースや機会をどう生かすか
退職、そして来たるべきものの選択 …… 262

おわりに　未来をつくる　267

謝辞　274

参考図書　278

締めくくりとして　私が多くを学んだ書籍のリスト　295

本文中のかっこで番号があるものは、巻末の「参考図書」に対応しています。

第
1
章

謙虚さ
リーダーシップの基本となるもの

“自分の知恵について自信過剰になるのは賢明ではありません。強者も弱体化し、賢者も過ちをおかすことがあると心に留めておくのが、まともというものです”

マハトマ・ガンジー

「真の自信」はどこから生まれるか？

ほとんどの人は、うわべだけを見てリーダーシップの本質は「自信」にあると推測するだろう。つまるところ、自分が立てた戦略やそこでの役割に自信が持てなければ、人々を率いることなどとてもできない。自分の計画や能力について確信が持てないようなリーダーには、誰もついていく気はしないだろう。では、その自信の核心とは何なのか？

真の自信――見せかけやインチキの虚勢、見当はずれの自信でなく、自分のスキルや性格を十分にわきまえているということ――は、自負心から出てくるのではなく、謙虚さから生まれるものだと私は考えている。傲慢だと、自分たちの強みにしか目がいかず、そのため弱みを無視し、周りの人間の強みも見過ごして、ひいては致命的な間違いをおかすリスクに自分たちをさらしてしまう。**謙虚さがあれば、自分たちの弱みがどこにあるのかがわかり、だからこそそれを補完できる。実は、謙虚さによって自信を獲得できるのだ。**

では、謙虚さはどこからやってくるのだろうか？　私の経験によると、謙虚さを育てるにはふたつの考え方が役に立つ。ひとつは、だいたい成功というものは運次第と知ることである。他でもない「運」という言葉を選んだのは、よく使われるもうひとつの「運命」という表現が、自分の望みを後押しする超自然的力のような響きを持つからだ。考えてもみよう。アメリカに生まれたならば、すでに我々は幸運だ。もし、ハイチやコンゴ、バングラデシュ、アフガニスタンなどに生を受けていたら、人生で遭遇する機会はどんなに違っていただろうか。

私は中流家庭に育ち、両親はふたりとも大卒だった。小学校に入学する前に読み書きを教えてくれ、後にちゃんと仕事に就けるような教育を施してくれた。だが、アメリカ育ちの人間ならば、私と大きく違わない質素なルーツを持つことだろう。

私の先祖は、多くが1800年代前半のジャガイモ飢饉時代のアイルランドからアメリカに移住した。私の高祖父は肉体労働に就き、その後はブルックリンでリヤカーや荷馬車で荷物を配達していた。実際、高祖父母は皆レンガ積み、皮なめし、大工、農業などの肉体労働で生計を立てていた。アイルランドは英語が母国語であるにもかかわらず、先祖の中には非識字者もいて、最期の言葉や遺言には「X」としか署名されていないものもある。

2世代下って母方の祖父になると、大卒になり、その後銀行の副会長になったが、初代や2世代目の移民は厳しい生活を強いられ、職がなかったり（それも何年も、ということがよくあった）、子どもを少なくともひとり亡くしたり（ふたり以上ということもあった）するのが常だった。私は、彼らの苦役と、子どもたちやそのまた子どもたちにはましな人生を送らせたいと献身した彼らの恩恵を受けている。この家系にこの場所でこの時代に生まれたこと、それは、先祖の背中の上に立てるという幸運以外の何ものでもない。そうしたことに思いを馳せると、慎ましい気持ちになる。

アカデミックなコミュニティの一員であることもまた、謙虚な気持ちにさせてくれる。たいてい大学内、いや自分がいる建物の中に、ほぼあらゆる分野について私より知識を持っている人物がいる（実際、学生たちの中にもそんな人物がいる）。これが、謙虚になれというふたつ目の理由だ。

つまり、自分が最も聡明な人間であるはずはないのだ。あなたがリーダーとなって取り組むことの成功は、チーム全体の力にかかっている。成功するためには、彼らの専門知識や助けが必要で、まずは自分が物知らずだと認め、チームのメンバーの知識から学び、彼らのサポートを求めるのが一番だ。

私は組織の「エンジン」ではなく「道具」だった

「助けを求めること」から謙虚さを学ぶ

大学の寄付金集めは、権限を持つ役職にいながらも謙虚さを実践するベストな方法である。教職員が何千人、学生が何万人といて、何十億ドルという予算と基金を扱うとなれば、すぐさま権力に酔いしれるだろう。しかし、寄付金集めという地道な作業は、その解毒剤のようなものなのだ。

それを成功裏に収めるための準備も含めれば、私はおそらく3分の1から半分の時間を大学の寄付金集めに費やしているだろう。私の家族にとっても、この仕事は大きな変化だった。結婚後の25年間は、授業を終えてたいていい6時には帰宅し、それに妻も慣れていた。教壇に立つことが仕事だったので、出張もそれほど頻繁ではなかった。

ところが学長になるやいなや、夕方になるとイベントに出席し、年間何十回も卒業生たちに会いに飛行機に乗り、加えて毎日の昼食も何らかのミーティングやイベントを兼ねるものになってしまった。すべて寄付金を集めるためである。

幸運なことに、サポートはたくさんあった。仕事熱心なボランティア卒業生やスタンフォード大学の募金事務局の専任職員が、毎年何千件もの小規模の寄付を取りつけるという大変な作業を担ってくれる。いずれのグループも非常に有能だった。募金事務局は、寄贈者と大学側の必要性を結びつける仲人のような存在で、卒業生協会は卒業生と大学との長期的な関係を守る存在だと、私は考えるようになった。

学長である私自身はというと、彼らの運営のための単なる道具であって、エンジンではないということが理解できた。各地の卒業生のグループを前にしたスピーチであれ、多額の寄贈者と目される人物とのプライベートなミーティングであれ、あるいは校友会雑誌のためのインタビューであれ、私がやることは他の人々がたくさんの準備をやってくれた最後に起こるものだった。これも私を謙虚にする理由だ。

取引を成功させているのは自分ではないと、いつも言い聞かせていた。相手から「イエス」を引き出すために、多くの人々が働いてきたのだ。私は最後のまとめをやっただけである。そこで私が間違いをおかしたり誤解を招いたりすれば、何ヶ月もの大変な現場の仕事を無駄にしてしまう。しかも、卒業生や大口の寄贈者たちが会っていたのは、ジョン・L・ヘネシーという個人ではなく、いずれ他人に引き継がれるスタンフォード大学の学長職であると心得なければならない。

とはいえ、大学のトップとしての自分の役割が重要であることはわきまえていた。多額の寄付をする寄贈者たちは学長との握手を望むわけだが、それは私だからではなく、彼らが支援すると決めた取り組みに大学が注意を向け、リソースを傾けることを確認したいからだ。つまり、私が名声をかけて彼らの寄付金を守るように要求していたのだ。多大な要望だが、彼らにはそうする権利があることに何ら異論はない。

巨額な寄付をする寄贈者は、他のスタッフの同席なしで私が応対することが多い。部屋にいるのは、私と有名で大きな成功を収めたパワフルな個人だけで、相手は自分の要望が明確にわかっており、非常なコミットメントに臨もうとしている。彼らは躊躇なく私の目をまっすぐに見つめて、私にも同じコミットメントを果たす心の準備があるかと尋ねるのだ。ここで謙虚にならなければ、いったいいつなるのだろうか？

ジム・クラークの友人であることを誇りに思ったエピソード

「謙虚さ」が世界を動かす

ジム・クラークは、テクノロジー史上よく知られた偉大な起業家だが、つらい幼少期を送った。家庭は貧しく、義父がひどい人間だったこともあり、高校を中退して海軍に加わったのだが、それは他に選ぶべき未来がなかったからだ。それでも、優秀なエンジニアとして頭角を現し、生来の起業家であることを知らしめた。彼がその才能を最初に見せたのは、急速に成長していたシリコン・グラフィックスを創設した時だ。私はジムとスタンフォード大学でオフィスを共有し、シリコン・グラフィックスのもとになった技術の小さな部分で協働した。また、私がMIPSを創業する前は、2年間にわたってシリコン・グラフィックスのコンサルタントも務めた。

シリコン・グラフィックスでは、ベンチャーキャピタルにかなりの所有権を与えてしまったことに不満だったジムは、次の会社を自前で創設した。マーク・アンドリーセン（現在はシリコンバレーで最も有名なベンチャー・キャピタリストのひとり）は、広く使われた最初のビジュアルブラウザー、モザイク（Mosaic）の主導開発者である。マークが学生として在籍していたイリノイ大学が、無関係な会社にモザイクの技術をライセンス供与しようと決定した時、ジムは奇襲攻撃をかけてマークを雇い、新会社ネットスケープ（Netscape）を設立、商用のインターネットブラウザーの開発に取り掛かり、これが広く利用された初めてのブラウザーとなった。

今ではほとんど忘れ去られてしまったが、ジムの完璧なタイミングと洞察、戦略的動きによって、ネットスケープは見事なプレーを演じた。ウェブ利用が爆発的に拡大することをジムは見抜き、そこに資金をつぎ込んで世界初のワールド・ワイド・ウェブ会社をつくったのだ。

ネットスケープの成功と保有していた大量の同社株によって、ジム・クラークはとてつもなく裕福になった。ジムとずっとつながりを保ってきた私は、この2社を立ち上げるために彼がどれだけ苦労したかを知っている。世界からは「一夜にして」ビリオネアになったと見られているが、友人の私から見ると数々の個人的な問題を抱えていた。

後にシリコン・グラフィックスとなるテクノロジー開発に熱中するあまり、電気代の支払いを忘れてしまい、家の電気を止められたこともあった。彼ほど熱心に仕事をする人間はいない。彼の富は余すところなく彼自身が稼いだものだ。

当時はジムのことをよく考えた。あれだけの成功を収めた後、彼が残りの人生をどう過ごすべきかと思案しているのは知っていた。ネットスケープは彼のふたつ目の成功で、次のステップを踏み出すまでちょっと時間がかかるのも当然だろう。

1999年、スタンフォード大学は私の前任者であるゲルハルト・キャスパー学長の下で、Bio-Xというプロジェクトを立ち上げた。これは、生物科学と生物工学を中心とした学際的な共同研究を生み出そうというものだ。私も工学部長として、大いにサポートしていた。明らかだったのは、この新しいプロジェクトを成功させるためには、設備にも研究にも大きな援助が必要だということだ。

幹細胞は非常に期待がかかる分野で、この研究はジムの想像力を捉えるのではないかと思いついた。偉大なエンジニアにとって、新興テクノロジーが世の中の困難な課題を解決しようとするのを支援する以上に意味のあるチャレンジがあるだろうか？

シリコン・グラフィックスの成功後に、スタンフォード大学のために何かできるのではないかとジムに持ちかけたこともあったが、当時はまだ時期尚早だった。ネットスケープでも成功を収めた今、時は満ちただろうか？　彼が後世にどんな遺産を残せるのかについて、目を向けさせなければならなかった。これまでのジムはずっと頭を垂れて火急の挑戦に没頭し続け、将来に思いを馳せる余裕などほとんどなかったのだ。

ちょうど私はロン・チャーナウ著の『タイタン』（日経BP）という、ジョン・D・ロックフェラーの伝記を読んだところだった（チャーナウは、その後ジョージ・ワシントンの伝記でピュリツァー賞を受賞し、またヒット・ミュージカルの原作にもなったハミルトンの伝記も書いた）。『タイタン』によると、ロックフェラーは非常に競争心の強い起業家で、アメリカ史上最も裕福な人間のひとりになったが、過労のために心臓麻痺を起こし危うく50代で命を失いかけた。

これは、悟りの瞬間だった。残された時間は長くないと確信した（実際には97歳まで生きながらえた）ロックフェラーは、「もう金儲けは十分にやった。これからは慈善家になって世界をより良い場所にする」と決心する。その後間もなく、シカゴ大学、ロックフェラー大学、ロックフェラー財団などを創設し、特に医療分野で多くの活動をサポートした。その過程で、現代のフィランソロピー（慈善活動）のあり方を確立した。

ロックフェラーは、出会う子どもたちに10セントコインを与えたことで有名だが、実際には人類を向上させるために何十億ドルもの寄付を行っている。最も悪名高き泥棒男爵のひとりで、その中でも一番無慈悲で負けず嫌いだったロックフェラーは、人生の後半では謙虚になり、それまでとは全く違ったコースをたどったのである。

私は、この本をジム・クラークに贈った。伝説的なワーカホリックの話が、1世紀後のもうひとりのワーカホリックに何かのヒントを与えるのではないかと期待したのだ。

読了するのに十分な時間が経ったのを見計らって、ジムに連絡を取り、スタンフォード大学の新しい学際研究センターや幹細胞と再生医療研究のことを話した。ジムはキャンパスにやってきて、1日中研究教授陣と話をした。彼は知性に富み、また科学者でもあるので、工学と生物科学が超領域的に融合するというアプローチに関心を持つことを願ったが、まさにその通りになった。最終的には、ジムの寄付金1億5000万ドルによって、Bio-Xの本拠であるクラーク・センターの設立が実現したのだ。

しかし、話はこれで終わりではない。ジムがこのコミットメントを約束して間もなく、ジョージ・W・ブッシュ大統領が幹細胞研究に対する連邦補助金支給を厳しく制限すると発表した。このニュースは研究者コミュニティだけでなく、ジム・クラークにとってもショッキングなものだった。この決定は、支援を約束したばかりの研究プログラムを傷つける大惨事だとして、声明を発表する必要があると彼は考えた。最終的に、「ニューヨーク・タイムズ」紙の論説を通して、次のように世界に訴えた。

「2年前、私はスタンフォード大学で医用生体工学と科学のための研究センターを設立するために、1億5000万ドルの寄付を決心した。ところが議会と大統領は、幹細胞研究とクローニングへの制限に加担して、このセンターの目的の一部を阻止しようとしている。したがって、私は残りの6000万ドルの寄付を見あわせることにした」

センターの建物は2003年に完成し、ジムと学長になった私も開所式に参加した。だが、ジムが見あわせた6000万ドルを穴埋めするために、我々は長く苦闘した。幸運なことに、多額の寄贈者で30年にわたるフィランソロピー歴を持つチャック・フィーニーが揺るぎない寄付を続けてくれた。彼の偉業は、ようやく2012年になって公表されている。我々は、この状況下にあってもベストなものを生み出そうと踏ん張り続け、研究面でいくつかの画期的な成功を収めた。

2004年、幹細胞研究者らが海外へ流出している事態を重く見たカリフォルニア州は、公債発行を可決し、独自に幹細胞研究の補助に乗り出した。これがスタンフォード大学の有能な教授陣や、州内の他の研究者の流出を食い止めたのだ。

2013年に話を早送りしよう。同年、クラーク・センターは10周年を迎えた。それまでの間、ジムは毎年1～2回、研究プログラムの進捗を確認するために大学を訪れていた。10周年を記念して、これまでの重大なブレイクスルーのハイライトや研究成果を発表する終日イベントを開催することにした。これはまた、ジムに対して深い感謝を表明し、彼の贈り物をちゃんと管理してきたことを示そうとしたものだ。ジムは、最後にスピーチをすることになっていた。

彼のスピーチの順番が回ってきた時、私は隣に座っていた。彼が何を話すのかは、全く知らなかった。過去の不満を再びぶつけるのだろうか？　あるいは近視眼的な連邦政府を攻撃するのだろうか？　ところが、誰にも予想がつかないことが起こった。

ジムは壇上に立って言った。「ここで進められていることに大きく心を動かされました。この研究は素晴らしい。みんな素晴らしい仕事をやってきた」。彼はちょっと息をつき、そしてこうつけ加えた。「最初に約束した残りの6000万ドルを送金します」

びっくりするような瞬間だったが、これこそ謙虚さの輝く一例だ。寄付を取り下げるという声明を公に発表したにもかかわらず、ジム・クラークは正しいことを行うために方向転換をしたのだ。彼の友人であることを本当に誇りに思った。

「難しい経験」が私をリーダーとして成長させた

「謙虚さ」を手に入れるという幸運

瞬時に決意するというのは、私にとって簡単、あるいは自然なことではない。私はキャリアの前半を通して、講演をする際にはいつもダイヤグラムやテキスト、等式で埋められた多数のＯＨＰ（オーバーヘッド・プロジェクター）やスライドに沿って話をしていた。

ところが、学長になると突然、たったひとりの大寄贈者から卒業式にやってくる2万人の聴衆まで、あらゆる規模の人々を相手に話さなければならなくなった。当然、スライドは1枚もなく、たいていちゃんと準備をする時間もない。人によっては大したことではないだろうが、私にとってはおおごとだ。一歩ずつ学ばなければならなかった。少なくとも、最初は恐怖しかなかった。

当時はそう意識していなかったものの、私はキャリアの早い時期にそうした体験にどっぷり浸かる「幸運」に恵まれていた。１９８６年、34歳だった頃だ。その2年前に共同創業したＭＩＰＳコンピュータ・システムズは猛然と走り出していた。

その成長が続くと考えて、従業員もそれにあわせて増員していた。しかし、成長は続かなかった。ビジネスは拡張し、売上も順調で、新たな契約も結んでいたが、経費があまりに急増したのだ。もっと早く資金調達を始めるべきだったが、ＣＥＯ交代のための仕事も重なって、それを妨害した。その結果、資金がなくなり、翌月の給料の支払いも危うくなっていた。

レイオフ以外の選択肢はなかった。１２０人ほどいた社員のうち40人を解雇するつもりだった。経営チームの判断でエンジニアは留めようと決めたため、他の部署が打撃を受けることになった。金曜の朝にピンク色の解雇通知書を受け取った社員は、昼にはもういなくなっていた。

これはひどい体験で、こんなことをしなければならないとは想像もしていなかったし、もう二度とごめんだ。もし我々が十分に謙虚だったならば、これも失敗から学んでやり方を変える機会となったはずだが、私の学習はまだ途上だった。

その後、新CEOのボブ・ミラーが、「生存者」を集めて午後に全体会議をするのがいいと決めた。そして、私にみんなの前で激励スピーチをやってくれと言う。できることなら避けたかったが、共同創業者としては引っ込んでいるわけにもいかない。スピーチでは、まず失敗をおかしたことを認め、けれどもこの会社には明るい未来があるという内容に集中した。後で振り返ると、スピーチをしたことは正解だったと思う。なぜなら、その時はわからなかったものの、そこには誤りを認めることとチームを元気づけることの両方が含まれており、未来の私への完璧な準備にもなったからだ。

その12年後にスタンフォード大学の学長就任が発表された際、私は数百人の聴衆の前に立って新しい職務と大学の未来について短いスピーチをした。実はこれは、視聴覚資料に頼ることなく私がフォーマルなスピーチをした初めてのものだった。技術的な話や授業ならうまくできるとわかっていたが、これは違っていて、地獄のように緊張していた。うまくやり通せるだろうか？　ともかく選ばれたことには恐縮至極だったので、どれだけ名誉なことか、前任者が大学のためにどれほど貢献したか、そして私もスタンフォード大学をより良い学校にするために力を注ぎたいということを伝えた。

早い時期に経験したこうしたことは、9・11テロや2008年の景気後退への対応など、私が職業生活を通して直面したさまざまな状況に準備をさせてくれた。それについては、第5章の「勇気」で触れている。[(1)] こうした出来事はどれも私を謙虚な気持ちにさせると同時に、立ち上がってチャレンジするよう仕向けてくれた。それによって、私はリーダーとして成長することができたのだ。

他者の利益のために野心を燃やす

「謙虚さ」と「野心」を共存させる唯一の方法

謙虚さについての話を終える前に、ひとつだけつけ加えておきたい。生まれ自体が幸運ならば謙虚に思うべきだが、私が「謙虚」と言う時は、生まれついた性格だけを指しているのではない。

あるいは、自己剥奪のような謙虚さを意味しているのではない。私が指しているのは、技巧に満ちた率直な謙虚さのことで、勇気や決断力と同様にリーダーとしての実践の中で習得していくものである。

謙虚さをもって人を率いるというのは、周りの人間があなたの業績を我がものにするようなことである。なぜならば、あなたにはそうする必要がないからだ。また、自分の理解が正しくないかもしれないと認めることであり、援助が必要だと進んで助けを求めることであり、間違いから学ぶ機会を捉えることであり、挑戦的で自分を成長させてくれる瞬間に向きあうことである。

この種の謙虚さは、だからといって野心に欠けるということではない。エイブラハム・リンカーンは、謙虚に振る舞いながらも野心的だった。[2] 私にも野心があるが、その野心は自分個人の利益だけに焦点をあわせたものではない（ゲームやゴルフでは勝ちたいが）。そうではなく、新たな変化を生み出すこと、私が仕える大学やコミュニティに恩恵を与えることだ。謙虚であり、かつ野心的である唯一の方法は、他者の利益のために野心を燃やすことかもしれない。

過ちを認める勇気を持つ

自分の成長の礎となるもの

学長職を辞する少し前、私を雇った理事のひとりで、在職中は理事会の会長も務めたアイザック・スタインと思い出話をした。アイザックは、ちょうど私の後任者を探している最中だった。

彼は言った。「ねえ、ジョン。今から思うと我々が君を学長に選んだのは、仕事で成長する能力があるとわかっていたからなんだよ」

これは大変な褒め言葉だと理解し、15年前にどんなに真っ青になってこの仕事を始めたかについて、畏縮しすぎないように努めた。アイザックが言うには、成長する能力が他の何よりも重要だとは、私を雇った時にはわからなかった。採用調査委員会は今、その能力をどう計測できるのかを検討しており、後任者選びの中核に置こうとしている。

仕事をしながら学んでいくという能力があなたにあるか否かは、どう測れるだろうか？　**それは、自分の謙虚さを見極めることによってだと、私は思う。**まだまだ学ぶことがあり、特定のことについては自分よりも他の人々の方が優れていて、大体においてひとりの意見よりも多くの人々のアイデアの方がより良い情報に裏づけられていると自覚していれば、謙虚にならざるを得ず、ひいては自分がやることにおいて、どうすれば向上できるかを学ぼうとするだろう。

ある意味では、謙虚さをリーダーシップの中核に据えれば、リーダーの役割そのものが変わる。これを私はＭＩＰＳ時代に学んだ。スタートアップという、時間が凝縮され、どんな小さな過ちも命取りになり得る環境では、自分と部下とを区別することによってではなく、チームと同じ位置からリードすることが求められた。

皆に何をせよと命令するのではなく、彼らが向上するよう助けることに注力するのが仕事なのだ。だから、ＭＩＰＳで最初の集積回路の製造準備中に、最終的な確認をする人材が足りないとわかった時、私自身がそこへ飛び込んでテスト用プログラムを書いたのだ。

ＭＩＰＳの初代ＣＥＯのバーモンド・クレーンも同じように動いていた。彼は毎週土曜日の朝にスタッフ・ミーティングをすることを発表したが、それは社内の皆に週末でも最低半日は仕事をしてほしいと知らしめるためだった。そんなミーティングを招集することで、上級マネジャーら（彼も含む）も自分たちの職分を果たさなければならないと明らかにしていたのだ。

ただ、彼はミーティングにドーナツを差し入れて、要求に甘さを添えていた。このCEOはまた、進んでランチルームのテーブルを拭き掃除し、彼が他の人より何ら秀でているのではないことを伝えていた。テクノロジーのスタートアップという、ストレスいっぱいの世界でそんな振る舞いができる彼に私は深く感謝し、リーダーとしての行動とは何であるべきかを教えてくれたその光景が、その後もずっと頭から離れない。

多くの人々と同様、私は大いに謙虚にならなければならないが、恥ずかしながら私は元来謙虚な人間ではないと認めよう。それでも、謙虚さを実践することの大切さを学んだ。

おそらく、謙虚さを実践する最も重要な機会は、誤った決断を下した時だろう。どんなリーダーにも間違いは起こる。だからそれを受け入れ、過ちを認める勇気を持ち、そこからどう前進するかを決断した方がいいのだ。本書では、まさに私にそうすることが求められたいくつかの例が出てくる。その過程は必ずしも心地良いものではない。だが、謙虚でさえあればずっと受け入れやすいのだ。

第

2

章

真正であることと信頼

リーダーシップに欠かせない本質的な要素

“ちゃんとしたところに足を下ろしなさい。
そしてそこにしっかりと立つのです”

エイブラハム・リンカーン

「真正さ」は「高潔さ」よりも難しい

職業においても、プライベートな生活においても、自分自身の高潔さを守るのは大人にとって最大の挑戦とされている。おそらくその通りだろう。しかし、それ以上のチャレンジがあると私は思うのだ。

勘違いしないでほしい。高潔な人生を送るのは至難の業だ。人々にもっと高潔さがあれば、文明も進んだはずだ。私が英雄と讃える多くの人物——ジョージ・ワシントン、エイブラハム・リンカーン、テディ・ルーズベルト、そしてデビッド・パッカード——は、高潔さ、信頼性、名誉を具現化した存在だとされている。他の誰もと同じく彼らとて完璧ではないが、これらの素質をほぼ正しく備えていた。

高潔さについて語る時、あるいは子どもたちに「嘘はつくな、盗みはするな、ごまかすな、そして規則にしたがえ。たとえ誰も見ていなくても、だ」と言って聞かせる時、大人は何千万人もの人々が日々実践している行いに彼らを導こうとする。信仰、家族、恐れ、法律などのあらゆるものが高潔さを目指させるが、高潔さというのは必ず達成可能であり、通常は誤解の余地のないものだ。

特に大人にとって、それよりずっと実践が難しいのは「真正」であることだ。

これは、正直に話すこと、そして自分だけでなく他者やコミュニティ、人類すべての本来のあり方を実践することである。

たとえ、正直でいることで批判を受けたり不和が起こったりすることがあっても、だ。他者とのやりとりの中で、高潔さを見せていたとしても、芯から真正である人々はどれほどいるだろうか。

真正さとは、繊細で多元的な性質を備えていて、信頼を築くのに、ひいてはリーダーシップとして成功するためになくてはならないものである。(1)

もっとも、基本的なところでは、リンカーンが馬車から降りる看護師を手助けする際に口にした次のアドバイスにしたがうことで、真正さを体現できるだろう。

「ちゃんとしたところに足を下ろしなさい。そしてそこにしっかりと立つのです」

どこに足を下ろすべきかを、どう決めるのか？　そして、いったん決断したら、信念を支える勇気をどう持ち続けるのか？

「なりたい自分」は実践によって実現される

何者かになるということ

具体的に真正さとは何であるかを理解する最良の方法は、まずそれが何でないかを知ることだ。

1960年代に少年時代を過ごした私は、今日広まっている真正さのムーブメントの前兆を体験している。当時のヤングアダルト世代は、あらかじめ定められた社会的役割や期待から距離を置いて、「真正」である、つまり自分の原始的な要求に忠実になり、外部の取り決めやルールから解放されるとは何を意味するのかを実験し始めた。

そうした考えは理解できたが、その後の半世紀を生きてきた人間としては、それを全面的に受容したことで引き起こされた災難も目撃した。同様に、真正であることにおいて、いかなる意味でも、いかなる手段によってでも、「勝つ」ことに価値が置かれる場合については憂慮する。我々は人間であって、ただの動物ではないのだ。**私にとって最も偉大な役割とは、自分たちをどうやって向上させるのか、なれる限りの人物にどうなり得るのかを学ぶことにある。**

ここ最近は、「真正なリーダーシップ」ムーブメントの隆盛を目にする。少なくともこの呼び方は、ハーバード大学ビジネススクールに端を発しているようだが、マネジメント関連の書籍やビジネス関連の人気スピーカーのメッセージにも広がり、それにしたがってますます正確な意味を失いつつある。

爆発的な人気を呼び、突然、誰彼の口の端に上るようなビジネス理論には、警戒が必要だ。広まったのと同じくらいのスピードで消え去ってしまうものもある。「真正なリーダーシップ」とは、希釈されると「正直さ、謙虚さ、ユーモアのセンスとオープンさ、素直さをもって率いよう」といったキャッチフレーズに成り下がってしまう。もちろん、これらはリーダーシップのポジティブな特徴だが、私が言う真正さとは、それ以上のものを必要とする。

たとえば、ソクラテスの言だとされる「良い評判への道は、自分が望む姿になるように努力することだ」という金言を取り上げてみよう。これは、真正さを深く求める実践の歩みを始める方法を表している。そのためには自分がこうなりたいという善なるものの真の特徴を見極め、それを習得するために努力しなければならないのだ。

先駆者たちは、現代の我々がすっかり忘れてしまったことをよく理解していた。**すなわち、生まれつきの性格によって大いに左右されることはあっても、専心と実践をもってすれば、なりたい者になれるということだ。**

これについては、ジョージ・ワシントンがアメリカ史の中で示した以上の証しはないだろう。彼の場合は、未来への遺産を残すのだという野心が、自己修養と自己啓発の動力となった。ワシントンは、名誉、勇気、美徳を兼ね備えた人間になるための行いのルールに綿密にしたがい、それを実践したのだ。

最初はそんな人間ではなく、20代になってからも自分の衝動的な性格に振り回されていた。アメリカ独立戦争時に大陸軍を率いた頃、そしてもちろんアメリカ合衆国大統領になる頃には、彼がそうなりたいと切望していた人物像は彼自身となり、それは敵、味方の双方が認めたところだ。

つまり、なりたい自分とは実践によって実現されるということである。自分が敬服する美徳を定義し、それを習得するよう励み、その途上を慎ましく歩もう。なぜなら、まだそこに到達していないだろうからだ。実際、そこに着いたと思うと、スタート地点にあなたを送り返すようなことをやるのが人生の常である。[2]

私自身の道のりにおいては、難しい決断はふたつに分けられる。自分のキャリアをどう歩むか、そして自分が率いるコミュニティが分断した際にどんなポジションを取るかである。いったん、どこに自分の足を置くかを決断した後は、そこにしっかり立つという挑戦があったが、たいていその選択をもたらした理論的根拠を明確にすることで解決することができた。

「難しい仕事」にどう立ち向かうか

真正かつ正直であることは難しい

真実を語ることは、多数派についている場合や、真実を語ることの悪影響が少なく確かな報いがある場合には簡単だ。そんな状況で、真実を語る者として賞賛されればいい気持ちになるだろう。しかし、不運なニュースを伝えたり、拒否や非難、身の危険、または大規模な社会的排斥の恐れがあったりなど、難しい真実を伝える時の心持ちはまったく異なる。

個人的に大きなリスクを負ったり、名誉のために資産を投じたり、自らの原則に逆らうよりも社会から忌避される方を選んだりしても、悪事に対しては確固として立ち向かいたいと思うが、しかし実際にそうできるだろうか。このレベルで真正であろうとすることは、高潔さのための基本的な教養をただ満たすよりもずっと難しい。

より大きな善のためだとしても、面倒な真実を伝えることには痛みが伴い、それが大切に思っている人々を傷つけるような場合にはなおさらだ。多くの人々が、ここで真正になるための行いを何としても避けようとするのも納得がいく。しかし、シリコンバレーを含め、最もよく知られたパワフルなリーダーたちにとってさえ、真実を語るのは非常に困難であることには驚くだろう。おそらくスティーブ・ジョブズは、私が会った中で仲間に嫌われることを厭わなかった人間のひとりで、残酷なまでに正直な人物だった。ただ、我々のほとんどは、他人に好まれることを社会的な健康のために大切だと考えている。

誰も他人のキャリアを傷つけたり、生活を破壊したり、やる気のある社員をがっかりさせたりするような人間にはなりたくない。だが、たとえばやっかいな社員の解雇や必要なレイオフの敢行を避けようとすると、不用意にももっと大きな問題を引き起こすことになり、それがチームの働きやモラルを下げたり、組織の存続を危うくしたりするリスクにもつながるのだ。

皮肉なことに、ビジネスリーダーによっては、解雇やレイオフに伴う精神的な重圧を避けようとして、よくコンサルタントという形で「斧切り男」を雇い、彼らに汚い仕事をさせる。だが、こうすることによって、学びの機会を逃すことになる。一時的な安堵は得られるだろうが、全社員へのメッセージは透けて見える。**このリーダーは難しい仕事に立ち向かおうとしない、と。**

ビジネス上のことで正直になれない重役もいる。単にノーと言えないCEOもいる。いいボス、社員を励ますボスになりたいあまりに、自分のところへやってくる新しい提案にはすべてサインするのだ。ひとりの社員の夢が、会社全体にとってネガティブな結果を生むようなことになればどうだろう。

また、決断のつかないボスを目にしたこともあるだろう。最後に話した相手によって、意見をコロコロ変えるボスだ。これはすぐに社員にバレて、皆ボスと最後に話す人間になろうとするだろう。

人が喜ぶように答えるのはその時はいい気分だろうが、組織に長期的な損害をもたらす結果を生む。それよりも、真正になる道のりを歩んで、大きなミッションと方向性を理解し――つまり正しい場所に足を置き、――そして、困難に立ち向かう――そこにしっかりと立つ――方がいい。

真正さが、リーダーに不可欠である理由

組織を率いるのは短距離競走ではなくマラソンだ

大学の管理職だった若い頃、私はいくつか重要な変更なしに終身在職権は得られないとある同僚に告げなければならないという、居心地の悪い立場になったことがある。事情をさらに悪くしたのは、候補者としてはスーパースターだったその人物の採用をサポートしたのが私だったという事実だ。この教授は、仕事上で

は大きなポテンシャルを備えていたが、同時に顕著な短所もあった。

伝えるメッセージは重たい内容だが、どうしてもやらなくてはならないとわかっていた。変更を勧めなければ、組織もその個人も痛手を負い、本来の可能性を達成できない。もし躊躇すれば、同僚たちにひどい仕打ちをすることになるとわかっていた。だから、そのメッセージを伝えた。もっと早く、もっとはっきりと伝えなかったのは失策で恥ずべきことだが、どうにかやることはやった。

その後、身を隠したり他人に責任を押しつけたりせずに、悪いニュースは自分で伝えるようにしてきた。もちろん、そのプロセスを楽しんだことはない。迅速にやらなかったこともあるし、眠れない夜にも悩まされた。

自分が抱く共感や人間的な性格と仕事が求めるもの、つまり真正で正直であることのバランスをとるのは戦いだ。しかし、たとえその時の自分にとっては気詰まりでも、こうした時こそが、自身が選んだ本物の理想に近づけるチャンスだ。これが毎度心地悪さを感じながら、なりたいと思うリーダーへ向かって成長するという経験なのだ。

大きな組織を運営していると、たった1日の中でもさまざまなコミュニティや状況と対峙することになる。しかも、関係者はそれぞれ異なった期待を持っている。その結果、大学の学長を務めていた間、実際の性格、望むべき性格、自分が経てきた歴史、プロとして経験してきたことなど、私は自分のいろいろな側面を、その時その時で引き出しているのに気づいた。リーダーは1日の間に多くの「自分」になる必要があると言えるだろうが、関係者たちに一貫していて正直で信頼に足る——つまり真正——と認識してもらいたいのならば、そのいろいろな「自分」は究極的には自分自身でなければならない。

なぜ、自分自身と真正なつながりを持つことがそれほど重要なのか。**それは、リーダーとして皆に特定の方向を目指す自分についてくるよう伝えなければならない時が、いずれやってくるからだ。**その方向性は、明らかに組織をより良き大きな目的に向かわせることができても、各人の目標や計画の理想には合致していないかもしれない。もし、皆があなたのことを信頼しておらず、心から彼らや大きなコミュニティのためになることをやっていると信じてもらえないならば、彼らはついて来ないだろう。(3)

ビジネスの世界では、自分をそうした位置に置くのはかなりまずい。大学の場合は、それぞれに異なった視点を持つ多くの関係者（教員、スタッフ、学生、理事、卒業生）がおり、その中で完璧な職の保証を約束されているのは、ひとつのグループ（終身在職権を持つ教授）だけだ。それでも、大学の学長は全グループの信頼を得られなければ、そのキャリアは効果を発揮できず、短いものに終わる。

そんな信頼は、一夜で確立できるものではないと念を押す必要はないだろう。複雑な組織を率いるのは短距離競走ではなくマラソンだと、私は常日頃から考えている。そこでは長期的思考が求められる。社員の解雇を先延ばしにしたり、支持を得られない取り組みを続けたりする短期的思考は、リーダーとしての効果を蝕んでしまう。最終的に、関係者との信頼は困難な決断に立ち向かった時にこそ築かれるもので、これについては第5章の「勇気」で再び触れたい。(4)

目的の遂行に「完全にコミット」していると示す

外部関係者と信頼関係を築くには

真正であることは、企業や大学の被雇用者と信頼関係を築くために必須だが、外部の関係者とのやりとりにも重要なものだ。企業と大学は組織的にかなり異なっているものの、いずれも内部関係者（被雇用者）と、一連の「外部」関係者が存在する。

こうした外部関係者との信頼関係はどう築かれるのか。

企業と大学の比較

企業	大学
役員会	理事会
顧客	学生・親・研究資金提供者
株主	卒業生・寄贈者

私は、理事会に対しては勃発するどんな状況についても「真正なスクープ」を伝えると決めていた。そのため理事会は、提案された案件を私が後押しする時には、スタンフォード大学にとって最良となると考えてのことだと理解してくれるようになった。また、私も私をサポートしてくれるのだと、理事会を信頼するしかなかった。

いったん決断が下されると、我々は一体なのだ。この結束は、必ずしも満場一致を意味しないが、一度ある取り組みに青信号を出したのならば、たとえ状況がちょっと変わってやり方を調整することがあっても、理事会はリーダーシップを１００％支持し続けるということである。

ある進路にコミットすると言っても、皆の疑惑を払拭できたわけではなく、不確実性はいつもある。しかし、大規模な取り組みが成功を収めるためには、スタート時点でリーダーシップと理事会が完全にコミットしていることが必要だ（たとえば、第5章「勇気」では、ニューヨークにスタンフォード大学のキャンパスを設けようというミッションを中止した出来事に触れている）。

こういった信頼関係があれば、大学のリーダーシップと理事会が協力の下に行動することができ、それによって自分たちの考えやビジョンを完全なものへと形づくっていくことができる。この働きは、後にスタンフォード・チャレンジ（詳しくは第7章「イノベーション」を参照）となる戦略や、ナイト＝ヘネシー奨学生プログラムのビジョンを展開していく核となった。

私は、企業の役員会メンバーとしても同様の方法で行動した。私は企業のリーダーシップが、正直でオープンであることを期待する。役員会は厳しい質問を投げかけてリーダーシップに挑戦するだろうが、いったん決定が下されれば、役員会とリーダーシップは一体だ。役員会と強い関係を持ち続けていくことについては、第6章「コラボレーションとチームワーク」で再び触れたい。

学生や親との信頼関係を築くために私がやったのは、いつも彼らのために時間を割き、どんな質問にも心を開き、隠し立てせずに回答することだ。毎年、週末にスタンフォード大学へやって来る入学希望者や家族に会い、ペアレンツウィークエンドには現学生の親たちと会った。いずれの場合でも、最初に短いスピーチをした後は、質疑応答に長い時間を充てた。

親の質問は、自転車のヘルメットから教授法における倫理、学生への補助金、アドバイザーをどうやって見つけるかまで、ありとあらゆることにわたっていた。それにできる限り正確に正直に回答した。たとえば、親からよく出る質問は、なぜキャンパスの学生寮でアルコールを禁止しないのかと、禁止事項を厳しく取り締まらないのかだ。

私の答えは、そうしたアプローチは好ましくない結果を生むというものだ。つまり、学生がアルコールのためにキャンパスの外へ出かければ、その分危険が高まり、また隠れて飲酒するようになって、依存症になった学生が見つかりにくくなる。私は、それよりも学生はいずれにせよアルコールを飲むだろうから、それならば互いの目が届く環境の方が良く、必要な場合には助けを求めることができると説明した。学長を務めていた期間、私は新入生の寮をできるだけ訪問するよう努めた。中でも新入生が過半を占める寮では、ほとんどの学生を訪ねるようにした。

ここでのミーティングでも、私のスタンフォード大学での経験を語った後、質疑応答に時間を充てた。学生はあらゆることを知りたがった。下着はボクサーかブリーフかに始まって、キャンパスで好きな場所、いい授業、どう専攻を決めるかまで。あるいは、移民法改正やイラク戦争、カリフォルニア州の三振法に関するものなど、難しい質問もあった。

最も熱心なグループのひとつが、化石燃料関連企業からの寄付で成り立つ基金を取りやめるよう主張する学生らだった。それについては、そうした企業が社会的な損害を招いているかどうかを測るテストをすることを含めて、理事会が中止を検討中であることを告げた。もちろん、化石燃料については、エネルギー源としての社会的な利点と気候変動による危害とのバランスを取るという難しい問題がある。

スタンフォード大学は、すべての化石燃料関連企業の寄付を断ったわけではないが、採鉱業や一般炭（熱資源のために燃やされる石炭）に関わるところからの寄付受領はやめた。アメリカ（そして大学）にとって、化石燃料すべてを排除するのは現実的ではないが、石炭から天然ガスのように危害が少ないものに替えることは可能だ。石炭だけを排除するという決断は多くの学生を満足させるものではなかったものの、これについて市民的な議論を続けることはできる。より広く排除することには利点があるが、この決断は正しかったと心から言える。

新入生寮を訪問する目的は、学生との関係の構築をスタートさせることだ。彼らに私のことをひとりの人間として知ってほしいし、大学全体の利益のために努力していることを理解させ、合理的な意思決定こそがその方法であることを見せたかった。それを深く理解させることが、これからの信頼関係の基礎づくりになると願ったが、たいていは実際にそうだった。

大学では、学生や家族に対してオープンで信頼に足る人間になることが重要であるのと同じく、企業は顧客と信頼関係を築かなければならない。製品の機能や入手可能性、信頼性について顧客を誤解させるような企業は、顧客を失い評判を落とし、一度失った顧客を取り戻すことはさらに困難になる。最近は企業のスキャンダル続きだが、そこには明らかに顧客への裏切りが見られ、いったん信頼を失ったらそれを取り戻すのがどれだけ難しいかを示している。

信頼が重要だからこそ、グーグルもかなりの労力を費やして検索結果を真正で偏向のないものにし、広告を検索結果と分けるようにしている。ユーザーがグーグルの検索アルゴリズムの正当性を疑うようなことがあれば、グーグルを使わなくなるだろう。

同社の役員として、私は企業と株主との信頼がどれほど重要なものかを理解するようになった。この手の信頼は、サーベンス・オクスリー法が定める最低限の公正さの標準を上回るものだ。株主たちは、経営陣がチャレンジや好機を誠実に査定していると信じているか。そうでないならば、他社ではなくなぜその企業の株を保有するのか。

企業と株主との関係以上に重大なのは、大学と卒業生や寄贈者との関係だ。株主の交代は痛みを伴い現在の株価を押し下げるだろうが、それはよくあることだ。だが、卒業生や寄贈者との関係は何十年もかかって築き上げられたもので、代替できない。

このグループを引き込み、大学で何が起こっているかを共有し、スタンフォード大学の未来に対するビジョンを議論するために、我々はイベントを開催して、この機関に対する深い共感とこれまでに与えられてきた機会を共有することにしている。我々の仕事やミッションに対して卒業生や寄贈者の支持を喚起するのにイベントがもたらす興奮は不可欠で、それが真正であったからこそ実際に支持を得られた。私のスタンフォード大学への思いやしっかりと率いたいという気持ちは、この機関に対する深いコミットメントと信念、そして我々の計画を成就させたいという願いから生まれたものだ。

寄贈者になってくれそうな人物とは、単なるひらめきを超えて大学との信頼関係を築く必要がある。これは、大きな買い物をしようとする顧客がサプライヤー企業を信頼していなくてはならないのと同じだ。

巨額の寄付を行おうと大学の学長と話を進めている寄贈者は、学長と大学が目的を遂行することに完全にコミットしていると信じる必要がある。たいていの場合、学長は寄付が組織的にどれほど重要かを、その寄付以外にも必要なリソースの存在を示しながら証明することが求められる。ここで信頼関係が築かれれば新しい取り組みが始まるが、それは寄贈者の大きなコミットメントなしには起こり得ないのだ。

「真正なリーダーシップ」とは何か？

成長と理解へと歩む旅

私は、まだ高校生の頃にコンピュータに関心を持つという幸運に恵まれ、大学入学後間もなく教授になることを決心した。以来、その道から離れたことはないし、後悔もしていない。ファブレス半導体会社ＭＩＰＳの創業を手伝うために、スタンフォード大学から80％の休みを取った際も、いずれ大学に戻るとわかっていた。40年の長期にわたって、スタンフォード大学は私の雇用主で、私の唯一の勤め先だ。これは、普通20年間に3つ以上も職を変えるシリコンバレーでは珍しいことだ。

キャリアを通じて単一の雇用主にはりついていることは、「原則に裏打ちされた真正さ」があるという評価を打ち立てるのに役立つのだろうか。恐らくはそうだろう。何十年にもわたってひとつの雇用者に忠誠心を持ってきたこと、同時に、同じ期間だけ同じ同僚とつきあってきたことは、そうした評価を強化するものだ。

ただ、アカデミックでの生活が頽廃的な生活や熱意の冷めた態度を生むということも、一部では起こり得る。解雇されることがないのならば、なぜ努力したり、自分をより前進させたり、新しい挑戦を始めたり、難しい決断をしたりする必要があるのだろうか。答えは簡単だ。**評判こそが、最も貴重なアセットだからだ。そこにじっとしているだけでは、評判は強まるどころかゆっくりと侵食されるだけだ。**

それと比べると、高速で進む企業でのキャリアは誘惑に満ちている。近道をしたり、短期的な儲けに手を出したり、同僚を貶めたりする。その結果、事態が不首尾に終われば、会社を替えてまた最初からやり直せばいい。とはいえ、いつも環境が変化し、はしごの各段階で競争する必要に常に迫られていれば、それはそれで規範的な行動の強化につながる。だからこそ、私が知る限り最も良識があり正直で尊敬すべき――つまり最も真正な――人々は、企業のCEOなのだ。手段を選ばない人物はトップの近くまでは上り詰めるかもしれないが、役員会も株主もそんな破壊的な人物を権力の操作台の近くには寄りつかせない。

最初に戻ろう。若い頃にどんな人間になりたいかがわかっていなくても構わない。私の経験から言うと、人生のゴールを定めている若者などほとんどいない。少なくとも、自分が結果的に実現したゴールを知っていた者はいない。

キャリアパスとは、今日どこに向かうかを知っているということであって、必ずしも最終的な目的地がわかっていることではない。それはまだ決まっていないのだ。あなたたちは、日々それを――そして自分自身を――つくり上げている最中なのだ。自身の核となる価値観は、ごく若い頃に形づくられるかもしれないが、それ以外の多くは、自分の経験や他人を観察することによって、あるいは偉人の伝記を読むことによって発達していく。可能な場合には、他人から学ぶ方が痛みはずっと少なくて済む（巻末に私の好きな伝記を説明つきでリスト化したので、ぜひ参照してほしい）。

同様に、リーダーシップの道を歩み始めた時に、完全に練り上げられたリーダーもほとんどいない。リンカーンが奴隷制度に対して取った立場が好例だ。当初は個人的には奴隷制度に反対していたが、廃止主義者ではなかった。後に、非道徳的だとして断固として奴隷拡大に反対し、戦時下の緊急令の形を取って奴隷解放宣言をする。ついには、暗殺されるたった1ヶ月前に、奴隷は憲法違反と定める憲法修正第13条を承認にまで導く。こうした経緯を経て、リンカーンは「すべての人間は平等である」と唱える真正な指導者になったのだ。[5]

私にとってのリーダーシップとは、さまざまな役割に関わり責任が拡大していく道のりだった。教壇に立つことと研究の両方が好きだったことは、アカデミックのキャリアを助けてくれた。教授はやりがいがあり充足感に満ちた役割で、人生を通して続けたとしても幸福だっただろう。

スタートアップの創業者になるとか大学の学長になるといったことは、最初から計画したものではなかった。真に心の底から、そして熱意を持ってその役割が担えるということは、少しずつわかったことだった。

1980年代初頭に、スタンフォード大学の教員と学生たちのグループが、マイクロプロセッサをどう設計するかについての研究プロジェクトを開始し、IBMやカリフォルニア大学バークレー校で並行して進められていたプロジェクトで発見されたのと似た洞察を得た。そのすべてが、RISC（縮小命令セットコンピュータ）革命へとつながった。我々は論文を発表し、現在のアプローチよりも数段優れたこの発見に基づいて、業界の仲間が技術を発展させていくだろうと考えた。ところが、そうしたことは起こらなかったのである。

そして、DEC（当時はIBMに次ぐ第2のコンピュータ会社）に早くから勤めていたゴードン・ベルが、私に会いにやってきた。彼は、我々が発見したテクノロジーの利点を認識しており、このイノベーションが日の目を見るためには、我々が個人的にコミットしてこの発見をもとに会社を興すべきだと主張した。そうしなければ、論文は棚の上で埃をかぶって忘れ去られるだろうと言う。彼は、次のふたつの問いを投げかけていた。

ひとつは、この研究結果はそこに書いてあるように本当に革命的なものだと考えているのか？ もうひとつは、そうならば、うまくいかない可能性もあるが、その技術を開発する気はないのか？

決心への過程は一筋縄ではいかなかった——こうと定めた道を外れるのは簡単ではない——が、最終的に私はイエスと答えた。もちろん、ためらいがなかったわけではないし、今から振り返ると、起業についてほぼ無知だと自覚していたら違った回答をしたかもしれない。それでも、あとふたりの共同創業者たちとMIPSを創業し、RISCのアプローチ確立に影響を及ぼした。その核となる概念は、30年以上経った今でも受け継がれている。実際、この本の最終的な編集を行っている間にも、デイビッド・パターソン（バークレーのＲＩＳＣプロジェクトのリーダー）と私は、この発見に関してチューリング賞（コンピュータ科学での最高賞）を受賞した。

大学でのリーダーシップへの道は、私が奉仕としてのリーダーシップの役割を理解するようになり、スタンフォード大学とその核となるミッションに対してますます心の底から忠誠心を抱くようになったことから生まれた。工学部長から大学のプロボストになるよう言われたのは、本当に大きな進路転換だった。

学部長としての役割は、私が熱意を持ち、アカデミアに導いてくれた授業と研究の流れを生かし続けるように管理することだった。当時、まだ博士課程だった学生数人のアドバイザーを務め、大きな会議に参加し、共著として発表した2冊の教科書の改訂を行い、毎年1～2コマの授業を担当していた。私の主たる仕事は工学部を率いることだったが、小さいながらも教授で研究者であるという立場を継続していた。

そして、ある金曜日の午後、スタンフォード大学のゲルハルト・キャスパー学長が、プロボストになる気はないかと尋ねてきた。たまに教壇に立ったりゲストレクチャーを行ったりすることがあるかもしれないが、プロボストとは基本的にフルタイムのリーダーシップの仕事である。プロボストになると、めまぐるしく変わる情報技術の分野で博士課程の学生を指導することは難しくなるだろう。それを諦められるのか。本当にプロボストがうまく務まるだろうか。週末をかけて自問した。

その週末は、大学の創立者記念日の式典で引退間近のコンドリーザ・ライスがスピーチをすることになっていた。18年以上経った今でも、そのスピーチをはっきりと覚えている。

コンドリーザは、アラバマ州で貧しくはあったが働き者だったアフリカ系アメリカ人の小作人である祖父の話をした。そんな祖父でも、決心さえすれば、長老派の牧師になるために大学へ進学できることを発見した、という内容だ。[6] その祖父が手にした機会によって、ライス家とその軌跡がどう変わったかを説明した。彼の息子は大学へ進学し、孫娘は国務長官になった。最後に、彼女は教育への深いコミットメントを表明し、ライス家にとってそうだったように、教育は人々の人生を変えるパワーを持つことがプロボスト職に就いた理由だと語った。

その時、私が自問すべきことは明らかだった。スタンフォード大学のミッションに深いコミットメントを感じているか。自分の研究や授業、あるいは工学部を超えて医学から人文科学、社会科学から法律、教育、そしてビジネスまでを教える大学全体が、重要な役割を果たしていると信じられるかということだ。熱意を持って、この機関全体を率いることに本心からコミットできるのか。

コンドリーザのスピーチを聞いた後、その答えははっきりしていた。月曜日の朝、私はキャスパー学長に次の副学長に就くと伝えた。私は、背水の陣を敷いたのだ。自省とコンドリーザから受けたインスピレーションによって、私は一線を越えたのである。

第3章

奉仕としてのリーダーシップ

誰が誰のために仕えるのかを知る

“リーダーは後ろから率いて、他の人々を前面に押し出す方がいい。いいことが起こって、それを祝う時は特にそうだ。危険がある時には、自分が前面に出る。そうすれば、人々はあなたのリーダーシップを評価するだろう”

ネルソン・マンデラ

「組織の生産性」が最大になるように支援する

リーダーシップとは奉仕である

権力と権威を備えた地位にいる多くの人々にとって、一番難しい学び——決して学ばない人々もいるが——は「リーダーシップとは奉仕である」ということだ。それが難しいのは、リーダーになるとあらゆる側面がそれとは反対のことを示すためだ。率いる相手よりも報酬は多く、チームよりも権威があり、意思決定では優先され、部下は究極的には「彼らのリーダー（より正確にはリーダーが率いる組織）」に懸命に仕えている。

そうした状況の中で、リーダーである「あなた」は「彼ら」に仕えているのだと覚えておくのは難しい。**困難な仕事を担っているのは彼らで、リーダーの仕事は、彼らが最大限効果的で生産的になるように支援することなのだ。**(1)

そう考えられるようになるために、組織図を頭の中で逆さにし、あなたがいるピラミッドの頂上を底辺に持ってきて、皆を支えるようにしなければならない。実際のところ、——そして経験がこの事実をさらに深く証明してくれたが——サーバント・リーダーであることを受け入れ、実践できないのならば、組織をうまく率いていくことはできない。自分自身の利益にだけ焦点をあわせると、自分が率いている組織やコミュニティに十分に目をやらなくなる。そうなると、あなたはリーダーとして長期的には失敗をする。

スタンフォード大学工学部の学部長になろうとしていた頃、前学部長であるジム・ギボンズからもらったアドバイスには最も影響を受けた。「肩書が気に入ったから、あるいはそれがもたらす出会いが良さそうだからという理由で、この職を受け入れてはならない。同僚の教員や学生たちに仕えたいという気持ちがあってこそ、引き受けるべきだ。まさにそれがこの仕事だからだ」

その見識を反芻（はんすう）し、最終的には「ＯＫ。その気はある」と決心した。それ以来、ジム・ギボンズのアドバイスにしたがおうと努めてきた。実際、このアドバイスは学部長職を離れて副学長になるべきかどうかを考えていた際にも、意思決定の中心となったものだ。

イエスと答えてステップアップしたことで、興味深いことを学んだ。**それは、リーダーシップの役割が大きくなるほど、そこに占める奉仕の役割も大きくなるということである。**

私のリーダーシップは、小さな研究グループを率いることから始まった。そこでの仕事は、大学院生たちが成功裏に研究を完了させるようサポートすることだった。研究所長になった時には、若い教員を雇い入れ、メンターになり、彼らの才能を伸ばそうとした。当時もリーダーの地位にあって、ある程度の責任を負っていたが、大切だったのは学生や教員たちの研究だ。彼らの成功への企てに仕えたのだ。

コンピュータ科学科長に就いた時も主なゴールは同じで、教員と学生の成功を支援することだった。工学部長としては、さらに大きなスケールで仕え、学部全体がうまく運営されるよう努力した。

学部の成功や失敗は私の評判を左右するだろうか。もちろんそうだろう。だが、成功を私自身が生み出すことはできない。私の成功は、学部に属する皆が成功することにかかっていた。つまり、私のキャリアは彼らのキャリアを大きく反映するものだったのだ。

大学の学長になると、その同じ役割はもっと多くの関係者が織りなす風景の中に位置づけられた。今や私が仕えるのは、全学部の学生、教員、スタッフ、卒業生だ。私の「家族」は、私に頼るラボの数人から、何百もの建物に散らばり、100以上の異なるユニットに分類される仕事に就く何万人になった。**それでも、役割は本質的に同じだ。つまり、この関係者それぞれに仕えることで、我々の集**

合的な成功の確率を最大化して、大学を成功への道に導くことである。

前任の学部長からもらったメッセージの本意は、まさにそこにあったと思う。すなわち、もしリーダーシップの役割を、より多くの肩書や報酬を集めるという自分だけのゴールに近づく手段として選んでしまうと、そこでの成功は決して得られないということだ。

ステップを上がるたびに、リーダーとしての任務は大きく重くなり、ついには自分だけでは前に進めなくなる。逆に、組織を定めた方向へ推し進めるために皆に協力を求めることを自分の役割と定義すれば、ともに目的地に到達することができる。

「謙虚さ」を覚えているだろうか。自分の部下が何人いるのかを知っているだけでは十分ではない。自分がどれだけ彼らに頼っているかを自覚することが、同じくらい大切だ。部下の誰もが、毎日の仕事の中で組織にとって重要な役割を果たしている。だからこそ、夜遅くまで仕事をしている部屋に用務員が入ってくると、私は感謝の言葉を伝えるのだ。給料を支払っているのは私かもしれないが、仕事場を清潔に使えるよう保ってくれているのは彼なのだ。

スタンフォード大学初代学長の言葉から生まれた問い

あなたは、誰に仕えているのか？長期的な視点から捉える

リーダーシップが奉仕だとすれば、リーダーが仕える相手は誰なのか。第2章で触れたように、大学と企業は並列した関係者グループを持つ。企業では社員、顧客、株主、そして大学では被雇用者（教員やスタッフ）、学生（と家族）、卒業生だ。いずれの場合でも、リーダーシップは必要性とこうしたグループの要望のバランスをとらなければならない。その時、リーダーが専念するべきなのは、短期的な必要性か、あるいは長期的なものか。

この答えは、企業世界においては複雑だ。たとえば、株主などひとつのグループの中でも、短期的なリターンを目的とするか長期的な投資を求めているかなど、人々の見方は異なる。顧客も同様に分かれていて、長期的な視野を好む潜在的固定客と、その場限りのお得な買いものを求める客がいる。会社に忠誠心を抱きコミットメントを感じる社員は、長期的な視点を持つことが多いだろう。

企業社会でのリーダーの役割は、これらの長期的、短期的利益のバランスをと

ることにある。リーダーが頻繁に直面するのは、四半期ごとの利益と短期的リターンに集中せよというプレッシャーで、リーダー自身が在職期間を短いものにしたいと見ているのならば、こうした短期的利益を好むだろう。一方、長期的にその職にあろうとするならば、リーダーの関心（と報酬）は、組織と株主の長期的な成功に合致したものであるべきだ。

大学の場合、焦点を長期にあわせるのはある程度自然なことだ。企業の株価に当たるものは大学では評判であり、すべての関係者の関心もそこにある。財政面やアカデミック上でのスキャンダルのような失策は、大学の短期的な評判に影響を及ぼすだろう。しかし大体において、大学の評判は長期的な要素に結びついており、その結びつきがそれ相応の長期的思考を促すものになっている。大学にとっての難題は、多様な関係者が大学の優先事項や方向性について異なった視点を持ち得ることである。長期的な最大利益に向けてそれらのバランスをとっていくのは、大きな課題だ。

長期的な焦点とは、何を指すのだろうか。企業では5〜10年先、大学では10〜20年先を考えるということだ。もちろん、だからといって、短期的な問題を無視していいということではなく、その組織の未来のために健全な軌道を確実にするような、新しい方向性や発展について考えを巡らせるという意味だ。アカデミックとハイテク企業での両方の経験から、長期的視点は不可欠なものだと言える。

というのは、それがあってこそ、新しい発見や発明が頻繁に起こり、それが挑戦や機会の風景を一変させることもあるからだ。組織をトップの地位に保つには、将来どんな機会が生まれるのかを常に探し続け、チームに今生まれつつある新たな方向性を追いかける用意ができていなければならない。長期的な視点があってこそ、こうした方向性や機会を育むことができるのだが、それについては、第7章の「イノベーション」で議論しよう。

ゴールを定めるために、さらに長い長期的視点が助けになることもある。2000年10月、学長就任のスピーチを準備していた時、スタンフォード大学を創設以来109年間率いてきた人物たちに思いを馳せた。特に初代学長デイビッド・スター・ジョーダンとスタンフォード家が掲げた多くのゴールが、大学を設立し率いていくのにどれほど正しいものだったかについてだ。

ジョーダンの就任スピーチにある言葉「我々初年の教員と学生が、今後人類の文明が続く限り存続するこの大学の基礎を築く」が蘇った。この長期的視点は、私に4つの問いを投げかけた。「スタンフォード大学が拠って立つものは何か」

「10年先にはどんな存在になっているべきか」「100年先は?」「我々に与えられたのと同様の機会を、我々のコミュニティの未来の世代が確実に手にする方法は何か」

この最後の問いは、危機であれ機会であれ、本当に大きな挑戦に直面した際、私の考えを形づくるものとなった。当然、長期的に考えようとすれば、リーダーの心中も含めて不透明さや採るべき方向性についての疑問が生まれる。しかし、そうした疑問を回避すると、短期的で漸進しかしない道のりを選ぶことになってしまい、それは私のやり方ではなかった。

もちろん、奉仕としてのリーダーシップの仕事はキャンパスの境界線で終わるものではない。スタンフォード大学の直接の関係者の短期的、長期的ゴールのために尽くすことに加えて、スタンフォード大学もその一員であるより広いコミュニティにも目をやり、そこに対して無条件の責任があることも認めていた。リーダーにとって、コミュニティに奉仕することはふたつの形をとるだろう。一方はリーダー自身に向けられたもの、もう一方は組織のもっと大きな部分にも関わるものだ。その順に考えてみよう。

奉仕するリーダーが検討すべきこと

責任の階段を上るにつれ、直接の関係者を超えたところに奉仕するよう世の中が望むようになるのは、リーダーシップの現実のひとつである。

大学の学長、あるいはどんな規模であれ組織や企業のCEOは、役員会、行政の委員会、学識経験者のグループ、その他の注目を集める諮問グループに加わるよう依頼を受けるだろう。それほど高くないリーダーシップのレベルでも、地元の財団に関わったり地元政府のアドバイザーになったり、地元の非営利組織の役員会に加わったりするよう頼まれることもあるはずだ。奉仕しようとコミットするリーダーがそうした依頼を断るのは、特に彼らが助けを求めていたり、恵まれない人々を支援する組織からのものだったり、国の利益になるよう望まれたりした際には難しいものだ。

どの依頼を受け入れ、どの依頼を断ればいいのか。

残念なことに、ほとんどの依頼にノーと言うことを学ばなければならない。 なぜか。ひとつには、すべてをやるのは物理的に不可能だからだ。加えて、自分を拡張しすぎると、常に心理的にマルチタスクし続けることになり、自分自身の組織が求める長期的思考に関わる能力を失ってしまう。ワシントン政府やその関連のボランティアの仕事に携わりすぎるあまり、自身の組織が苦しむ結果になったリーダーたちをよく見てきた。そうなってしまっては間違いだ。究極的に、外部の奉仕に力を貸す場合は、自分の組織や関係者への責任が第一であるという事実と見比べてからでなければならない。

これは、政府や非営利組織の諮問グループの仕事を減らせと言っているのではない。逆に、最高の諮問メンバーを集めることは、政府や非営利組織が躍進するために必要なことの一部だ。スタンフォード大学で理事会、委員会、ボランティアを身の丈を超えて招集してきた身としては、その役割の重要さと影響の大きさをよく知っている。

それでも、この手の奉仕活動に携わるのには限りがある。リーダーになって間もない時期には、ボランティアの機会は興味深い学習の環境となり、他の体験を補充するものとなるので、誘いに応じるかどうかは熟慮する価値がある。リーダーのキャリアが進むにつれ、私は決断のために3段階のフィルターを設けた。

- その奉仕と、奉仕する対象の組織はどのくらい重要か？
- 私自身がインパクトのある方法で役立つか、それとも他人にも同様の貢献ができるか？

- この奉仕は、私が学習し成長する機会となるか？

キャリアのどの位置にいようと、コミットメントする前に次のことを検討した方がいい。うまくいっている時には、そうした誘いにすぐイエスと返事をしてしまうかもしれないが、後に肝心の自分の関係者にもっと尽くす必要が出た際に後悔しないか。また、そうした誘いを断るのに私はよく「今年はできません」と言ったが、そうすると「それでは来年や再来年はどうですか」という問いへの道を開くことになった。それほど先の予定は見えないので、その手の回答は新たな問題につながる。

イエスと言ってしまうと、後になってコミットしたことを後悔するかもしれない。そのコミットメントを果たそうとすれば、自分自身の組織のために費やす能力をリスクにさらし、コミットメントを破ると自分個人の高潔さを危うくすることになる。イエスと言う代わりに、最初に誘いを受けた時に数ヶ月先まで見通してみることだ。そして、「その時にもまたやりたいと思うだろうか」と自問する。イエスなら、検討すべき機会だろう。答えがノーならば、後に難題に直面するよりは——真正であるために——困難でもそのノーを今、告げるべきだ。

「創造性」と「コミットメント」があればミッションを拡張できる

「組織による奉仕」はミッションのひとつ

個人的な奉仕は、サーバント・リーダーの役割にとってはほんの一部にすぎない。企業、非営利組織、政府機関、あるいは大学のリーダーは、自身の組織のためにさまざまな外部の奉仕的な取り組みもサポートするのだが、それは、自身の組織にとっての核となるミッションを追求した自然のなりゆきであり、より広い世界に向けたものとして始まる。(2)

たとえば、企業は顧客の生活を向上させるものも含めて、便利な製品を提供することで奉仕する。製品の延長線上でさらにサービスを提供することもあるだろうが、時にそれは利益目的よりも、拡張することに社会的価値があるものだったりする。加えて、地元の住民を支援するなど、企業はより一般的なコミュニティサービスを行うように要望されることもあるだろう。

公共のサービスで企業よりもっと期待されるのが非営利組織で、これは彼らのミッションや位置づけから想像がつくだろう。同様に、人々に奉仕する政府機関にも、たびたび要請が届く。

大学は、知識の前線をおし進め、発見や発明を行うことによって、生活の質を強化し、社会がより良く機能するのに貢献する。同様に、学生を教育することで、大学は学生と将来の雇用主両方の要求に応えている。さらに、周辺のコミュニティの必要性にあわせて、大学の資源を提供する取り組みをスタートさせたりもする。

大学が公共サービスであるという概念は、スタンフォード大学の歴史に深く根づいたものだ。「スタンフォード大学」が、正式にはリーランド・スタンフォード・ジュニア大学という名称であることは、世界のほとんどの人が知らないだろう。この名前は、鉄道王・知事・上院議員でもあった有名な人物ではなく、16歳になる前に逝去した彼の息子にちなんだものである。父親のリーランド・シニアと妻のジェーンはともにひとり息子の死に心を打ち砕かれ、これからは「カリフォルニアの子どもたちは皆自分の子どもたちとなる」という思いで息子の名前を冠した大学をつくることを決心した。

学長在任中の16年間、私は毎年創立者記念日にスピーチを行ったが、ジェーンは大学の創設を記念して1891年に最初のスピーチを準備した。その日、ジェーンはあまりに感情が高ぶってしまい、結局スピーチできなかったが、そこにはこう記されている。

「あなた方の人生が真に誠実なものであることを願います。それは、偉大な富や名声を得るために邁進するという意味ではなく、良心的な働き者であり、他者を助け、励ましを必要としている人々に声援と厚意を送り、いつでも黄金律にしたがうということです」

父親のリーランド・スタンフォード・シニアはその後2年も経たないうちに逝去し、大学は深刻な財政難に陥った。ジェーンが多大な個人的犠牲を払って、その後の10年以上にわたって困難な大学の舵取りをした。1904年に彼女は理事を退任し、大学は初めて独立した理事会の手に委ねられることになった。その時、彼女はこのように述べている。

「この年月、私は心の中にある絵を描いてきました。100年後、この試練が過去のものとなり、現在活動する関係者がいなくなり、すべてがなくなっても、大学は生き残っているのです。現在起こっているすべての向こう側に、今の子どもたちの子どもたち、さらにその子どもたちが、東から、西から、北から、南からやってくるのです」

この最後の文を、前任者や後任者もそうしたように、私は心に留めた。大学には創設文書や誓いの言葉がある一方で、大学のゴールを指し示した個人のこうした言葉や、大学が「人類と文明を代表して影響力を行使することで、公共の福祉を推進する」という創設者の願いこそが、大学とは公共に仕えるものだという考えを我々の心の中に植えつけた。

この考えが、学長の役割を明快にする。すなわち彼、あるいは彼女のリーダーシップは、より大きな善に仕える組織に奉仕することである。

率いるものが大学、企業、非営利組織、あるいは政府機関であれ、問いは同じだ。リーダーは、公共への奉仕という役割をどう捉えるべきか。支援する取り組みをどう選ぶべきか。私が学長在任中にスタンフォード大学がスタートしたり拡張したりした公益サービスの取り組みは、その回答となった。特に、周囲のコミュニティのために設けた3つの取り組み――スタンフォード・チャータースクール、コミュニティ・ロー・クリニック（地域法律相談所）、カーディナル・フリー・クリニック（カーディナル無料診療所、訳注：カーディナルは、スタンフォード大学や大学スポーツチームの愛称）――はすべて、この地域の恵まれない住民に公益サービスを提供するのが目的だった。

1990年代にスタンフォード・チャータースクールのプロジェクトを始めたのはスタンフォード大学の教育学部の同僚たちで、私が学長に就いた初年度に開校した。経済的に貧しいイースト・パロアルト地域は、その25年前に人種融合策の一環として唯一の公立高校を失っていた。同地域の貧困層の生徒たちは、別の2地区の高校に通学して苦労しており、卒業にこぎつける率は低く、大学進学も稀だった。スタンフォード・チャータースクールの目的は、学生たちが決定的なくてはならないアドバイスと支援を受けるというスタンフォード大学の新しい考え方に沿った教育環境をつくることだった。

これは功を奏し、卒業率は3分の1も上昇し、大学進学率は2倍になった。学長在任中の最後には、低学年を含めて学校を拡張し、最終的にはK-12（訳注：幼稚園から高校まで）の学校をつくることが目標となった。

スタンフォード大学に、学校を拡張しそれを運営する能力があるのかを疑う向きもあったが、教育学部の教員やスタンフォード大学のフィランソロピーのコミュニティからは大きな共感が寄せられた。懸案を査定した後、前進すると決定した。開校すると、子どもたちや家族はここが大好きになった。熱心に打ち込む若い教師や、多様な放課後プログラムやアドバイザープログラムの恩恵を生徒たちは大いに受けた。

私自身、この学校を訪問したのは心動かされる経験となった。たいてい生活苦に悩まされる家庭出身で、入学時には合格点に届くのがやっとだった生徒たちが、誇りを持って自分が受けた教育や大学進学の目標を語るようになっているのだ。

しかし、プロジェクトは大きな問題にぶつかった。学校は、単なる研究プロジェクトや趣味ではない。これは真剣なビジネスで、しかも複雑なものだ。学校運営のためには、校長や教師を雇ったり、財務を管理したり、インフラを保守したりする専門知識が必要とされる。

しかし、チャータースクールのプロジェクトを始めた我々の同僚にとってこうした技能は専門外で、実践的な「ビジネス」を経営する経験が限られていることもあり、研究や教職をなげうってまで学校運営に関わろうとする者はいなかった。チームの何人かが危惧していた、大規模な学校運営の困難が本当のことになったのだ。

結局、スタンフォード大学は、チャータースクール運営のプロにこの施設を譲りわたしした。教育学におけるイノベーションやアドバイスを行うという公益サービスは教育学部が持つミッションの自然な延長線上で実現されたのだが、学校運営はそれとは別問題だった。スタンフォード大学教育大学院はそのミッションの延長として、教育学イノベーションの面などで変わらず指導や助言を提供しているが、日々の運営は別の人々に任されている。

一方、イースト・パロアルトのコミュニティ・ロー・クリニックは、法科大学院のミッションの延長として持続可能なものになった。このクリニックは、同コミュニティのために無料の法律のアドバイスを提供したり住民の代理を務めたりするが、同時に法学部の学生たちに得難い経験を与えている。他のリーガルクリニックと同様、ここも教員が責任者となって学生がスタッフを務め、法科大学院からの最小限の事務的サポートと財政的援助を受けている。

さらに、メンロパークとサンホゼ両市で無料の医療診療所を運営するカーディナル・フリー・クリニックは、このふたつの中間に位置するモデルだろう。主たる医療スタッフはボランティアの医師と、スタンフォード大学医学部の医学生を中心とする学生ボランティアで、看護師や事務関係者には専門スタッフを雇用している。

プログラムは、医学部、大学病院と寄贈者からの財政援助で成り立っているが、チャータースクールと比較すると財政面でもスタッフ面でもその規模は小さい。そのため、医学部の核となるミッションから外れることなく、それを拡張してサービス提供が可能になるというスイートスポットなのだ。

これら3つの取り組みは、すべて実験から始まった。そのうちふたつはうまくいき、今後も続いていく力を備えている。しかし、公益サービスの取り組みがいつもそうというわけではない。取り組みが機関の核となるミッションから外れるほど、長期的な成功は遠くなる。もし、取り組みに支障が出れば、それに向きあって対象となるコミュニティへの害を最小限に留める有効な出口戦略を立てるべきだ。チャータースクールのケースでは、幸運なことに代替策が見つかった。

どんな組織を率いていようと、創造性とコミットメントがあれば、あなたの組織も核となるミッションを拡張させ、地元のコミュニティに奉仕する取り組みができるはずだ。

「奉仕の心」を植えつける

スタンフォード大学が目指すゴールとは？

ジェーン・スタンフォードのメッセージの最も重要な特質のひとつは、彼女が「子どもたち」を決して定義しなかったことである。スタンフォード大学が地元の機関から国際的な機関へと成長するにしたがって、その言葉が意味する範囲も広がったことを考えると、これは賢い判断だった。今やスタンフォード大学は、奉仕の義務を世界的なコミュニティへ向けるようになっている。

企業、非営利組織、政府などどんな機関でも、次世代のリーダーを育てるプロセスに関わるべきだ。次世代にサーバント・リーダーシップが最良の道のりであると捉えてほしいのならば、奉仕の心とはどんなものなのかを考える必要がある。

スタンフォード大学では、それは学生たちから始まる。**スタンフォード大学のゴールは、全学生にリーダーシップと他者への奉仕の心を植えつけることである。**学部入学生の多くは、地元でコミュニティ・サービスをした経験を持っている。それをどのように次のレベルへ進ませ、学生たちが高速で成長中の自分の能力を善行に使って、公共や非営利組織の世界で働く機会へと導けばいいのか。

元学長のドナルド・ケネディと、助言とフィランソロピー面で精力的にサポートしたピーターとミミ・ハース夫妻によって、スタンフォード大学では、1980年代に大規模な公益学習のプログラムがつくられている。ケネディ学長が設立した公共サービスのためのハース・センターは、公益サービスを学ぶ本格的な大学センターとして初めてのものだった。数年前、同センター設立25周年を前にして、同僚たちが公共サービスの教育と機会を次の段階へ進めるためのブレーンストーミングを行った。政府機関やコミュニティ、非営利組織でのリーダーシップが求められるようになっていたものの、学生たちの関心は伸び悩むか下がっているようにも見えた。学生たちを、公益サービスという奥が深く、やりがいのある機会へ関わらせる新しい方法はあるのだろうか。

この話しあいから生まれたのが、ラリー・ダイアモンド教授が提唱したカーディナル・クォーターというプログラムである。同プログラムでは、学生に少額の奨学金を与え、1学期の間、世界の人々に奉仕するのを学ぶ機会を与える。行き先は地元でもいいし、大都市やワシントンD.C.、あるいは発展途上国でもいい。最初にプログラムが提案された時、いったいどのくらい学生の関心を集めるのかが私には見えなかった。学生は、1学期も学校を離れようと思うだろうか。

その疑問に答えるために、ダイアモンド教授は小さなパイロットプログラムを提案し、それに資金をつけることにした。ところが、これには予定の2倍以上の学生が応募してきて、その結果、寄贈者たちがそれにふさわしい熱意で応えてくれたため、プログラムはあっという間に拡大した。私たち夫婦は、個人的にこのプログラムのサポートを続けており、いつか卒業生たちが新入生寮で学生生活や留学の話をするのと同じような熱意を持って、カーディナル・クォーターのことを語ってくれる日を待ち望んでいる。

ふたつ目の取り組みは、シード（Seed）と呼ばれる発展途上経済のイノベーションのためのスタンフォード・イニシャティブで、これも同時期に始まった。同イニシャティブは、スタンフォード大学ビジネススクール卒業生のボブ・キングと妻のドティー・キングの援助によって始まった。ふたりは、世界の最貧困の人々を放っておけないという熱意を持つ素晴らしい人物だ。シードのゴールは、発展途上国でビジネスリーダーを育成し、ビジネスと雇用を拡大することによって世界の貧困の悪循環を止めることだ。シードでは、スタンフォード大学が持つ起業家育成の専門知識を世界の最も恵まれない人々のために使う。すでに、ケニアとガーナに次いで、２０１７年に最新のシード出張所をインドと南アフリカに設けた。

エリート的なビジネススクールが恵まれない社会へ目を向けるとは、普通は考えられないだろう。しかし、シードは学部生とＭＢＡの院生の両方の想像力を掻き立て、彼らは、新進気鋭の起業家と一緒になってこれらの国々でスモールビジネスを助けるというインターンシップのために列を成したのである。このプログラムでは、早くも成功例が出ており、工学の技能を利用して、アフリカの工場で植物油を搾り出す際の難題を解決した若い女性もいる。この過程で、彼女は苦悩する工場を助け、自分自身のスキルも伸ばした。そして我々は皆、世界とは、思っていたよりも手が届く場所だったと学んだのだ。

これこそ、公益サービスの最も基本的な――そして最もパワフルな――姿である。こうした奉仕の心を自身の組織で育てれば、その善意は内部の関係者を超えたところにまで届くものだ。

自分が誰に仕えているか「リマインド」する

スタンフォード大学に奉仕する人たちを知る

リーダーになって、大きなプロジェクトや野心に溢れた取り組み、またそのプロセスに熱中していると、もっと小さくても同じように重要な奉仕が自分の身の回りの個々人によって行われていることを見落としがちになる。そうした奉仕は、より多くの人々の成功をサポートし、可能にしているものである。

スタンフォード大学では、学生や教員の業績を讃える式典をよく開いている。時にはノーベル賞があるが、他にもオリンピックのメダル、全米大学体育協会（NCAA）のチャンピオンシップ、有名な奨学金、そして卒業などを記念する。受賞者は壇上に上がり、声援と祝福を受けるのだが、他の人々――コーチ、学科長、研究助手、事務員やスタッフ――はどうなるのか。

彼らも何らかの形でこの成功に貢献している。彼らは自分たちの奉仕を心の中で意識しているだろう。だから、背中を叩いてもらって当然かもしれない。だが、せいぜい受賞者のスピーチの中で名前が挙げられるくらいだ。彼らの名誉のために言えば、彼らがそれ以上を要求することはない。それこそが真の奉仕だ。

リーダーとして、特にサーバント・リーダーとしては、私は仕えるすべての人々に対して特別な責任を負っていると感じている。私がスタンフォード大学で毎年開かれるエイミー・ブルー賞に出席して受賞者を祝うのは、そのためだ。この賞は、スタンフォード大学のスタッフの貢献と奉仕を讃えるためのものである。教員でも学長や副学長でもなく、第一レベルか第二レベルのスタッフで、同僚らに推薦された人物である。推薦状に書かれているのは、「この人は、職場を楽しくする。いつもそこにいてくれる。はつらつとしている。エネルギーに溢れている」といった内容だ。

ある受賞者は、何十年間も笑みを浮かべて学生寮の廊下や部屋を掃除し続けた。別の候補者は熟練の修理担当として一生をキャンパスで過ごし、必要があれば、誰のもとへも駆けつけた。別の人物は、学食の調理係としてスタートし、今では最も大きな食堂の責任者となっている。ほとんどの人々がスタンフォード大学で20年以上働き、教員や学生の業績を自分のことのように誇りに感じている。

私はほぼ毎回この祝典に参加し、たいていは家族や同僚たちに伴われた受賞者に賞を手わたして握手をする。なぜか。答えはシンプルだ。彼らの仕事――と奉仕――が、大学全体の運営にとって重要なものであることを知ってほしいからだ。彼らのおかげでスタンフォード大学は成功を収めることができる。

もうひとつ、隠れたふたつ目の理由がある。それは、私が誰に「真に」仕えているのかを自分にリマインドするためだ。私は彼らを率い、そして彼らに奉仕するという名誉を与えられているのだ。

第

4

章

共感

リーダーと組織を形づくるもの

“相手の視点に立ってものごとを見るまでは、その人物を本当に理解することはできない。彼の皮膚の中に入り込み、体内を歩き回らなければならないのだ”

アティカス・フィンチ、ハーパー・リー著『アラバマ物語』中の台詞

感情と理性の正しいバランスを見出す

責任ある管理職に就く前の1990年代初頭、私はスタンフォード大学の新入生で並外れた女子学生のアドバイザーを務めていた。農業に従事する移民家庭に育った彼女は、高校時代のほとんどを3〜6ヶ月ごとに移動するような生活を送った。冬にはカリフォルニア州南部、秋になるとりんごの収穫のためにワシントン州北部へ、といった具合だ。そんな厳しい生活環境にもかかわらず、成績は抜群で、合格率が20％という年にスタンフォード大学に合格した。彼女の固い意志力には畏敬の念を覚えた。

明らかに授業料が払える家庭ではなく、寮費と食事代を含めた満額の奨学金を受けていた。この学生は工学の学位を取得して卒業したが、ジェーン・スタンフォードも賞賛しただろう彼女のことは今も頭から離れない。私はこの経験を通じて、学生の入学許可のプロセスは、成績やテストの点数だけではなく、応募者の「人生の歩み」も考慮に入れることが大切だとを学んだ。さらに彼女は、スタンフォード大学で職を得た。学業を続けるための費用も家庭の経済状況も、彼女の将来を邪魔することはなかったのだ。

そうして、学生への学費援助はプロボストと私のパッションとなり、スタンフォード大学に仕えた16年間に、大学院生への学費援助は8億ドルと、2000年当時の額のほぼ5倍に拡大した。学費援助の拡大に向けて努力したのは共感があったからこそで、次章でも述べるが、今世紀最大の経済後退の中にあってもそれは変わらなかった。

アカデミア、あるいはビジネス界ではより多くのリーダーが、共感が意思決定を左右してはならないと信じていることに驚く。彼らは、重大な意思決定とは経験的事実やデータ、感情を抜きにした判断に基づいていなければならないと考えている。一生かかったが、私は経験上そうではないと考えるにいたった。

意思決定やゴールを設定する際の一要素として、共感を考慮に入れるべきだ。共感は、行動をチェックする際の要となる。データと並んで、その人物が置かれた状況を理解しそれに配慮することが、皆の繁栄を支えることになるのだ。

共感は、等式で計算できるものでも、いくつかの事実をセットすることで確認できるものでもない。これは、私のようなエンジニアにとってはイライラすることだ。同様に、共感はミッション・ステートメントのように、単に設立意図として文書に掲げるだけで正当化できるものでもない。

共感は心の底から出てくるものであり、それがこの深い人間的な感情を素晴らしく意味のあるものにする一方で、道を誤ったり理性を踏み潰したりすれば危険なものにもなり得るのだ。権力や権威ある立場にあれば、これはなおさらのことである。感情と理性の正しいバランスを見出すには、大変なスキルと――そして言うまでもなく試行錯誤が――必要とされる[(1)]。

一般的に、カレッジや大学を含む非営利組織は、株主が直接の経済的リターンを期待する企業に比べて、より共感を持って運営されていると思われがちだ。だが、アカデミックな環境において共感を持って率いたことで私が学んだのは、これはどんな状況にも通じるということだ。いかなる事業を率いていようとも、従業員や顧客、地元のコミュニティ、あるいは災害の犠牲者に対して、共感に基づいて行動する無数の機会を見出すだろう。自分と組織にとって、どの機会をどのようにつくり上げるのかが重要になる。

パーソナルな共感と組織的な共感

「共感の性質」を見極める

自分の心に触れた物語に動かされて、それに組織として目いっぱい応じようと飛躍することにはリスクが伴う。実際には、それは飛躍としてではなく、熟考された一連のステップとして捉えた方がいいだろう。**共感を覚えてすぐに行動に移そうと閃いた時には、これは個人として対応すべきか、それとも組織として対応すべきかを自問しなければならない。**

たとえば、何年も前に海外で災害が起こった際に、学生グループが被災者支援のために募金活動を始めた。これにはもろ手を挙げて賛成したが、学生たちが大学も募金額に相当するマッチング寄付をしてほしいと言ってきた時、私は考えた。

この状況は、いい学びの機会だった。大学の資金はほとんどが寄付金と学生の家族が払う授業料で成り立っている。その資金は大学のミッションの核である授業と研究に向けられることを期待されており、災害援助向けではない。そこで私は学生たちにこう言った。「大学の資金を出すことはできないが、私が個人的にマッチする額を出そう」

大学の資金源を尊重するとともに、これが学生にとっても学びとなることを願った。つまり、共感やチャリティーは個人的に関わるものであるということだ。学長として大学の口座から出しているのではない。私が個人としてコミットして、行動を起こしたということである。

その一方で、学長を務めていた期間に、組織として共感を伴った対応を考えさせられた状況もあった。たとえば、スタンフォード大学のＳＴＥＰプログラムでの受講が認められた女性からメールを受け取った時だ。このプログラムは、教師のための12ヶ月の集中育成コースで、修士号取得で終了し、教師資格も得られるというものだ。特に、先生たちの離職率が高い経済的に恵まれない地域で、長続きする優れた教師を育てることに重心が置かれている。

このプログラムの修了者の多くは、このような環境に身を捧げて、限られたリソースの中でも「No Child Left Behind（どんな子どもも置き去りにするな）」政策を実践しようというプレッシャーのもとで、困難な家庭環境に育ち、実際の学年よりも1〜2年の遅れをとっている生徒たちの指導にあたっている。

ＳＴＥＰプログラムに受け入れられたその女性からのメールには、彼女がシカゴの恵まれない地域の育ちであると説明されていた。ＳＴＥＰ修了後は地元に戻って教師になりたいという。ただ、大学が提供する学費援助は限られており、すでに背負っている学生ローンもあるので、この学位を取るために必要な借金を教師の給料からどうやって返済すればいいのかがわからない、という。

私は考えた。ここにいるのは、重要な社会的価値のある道を歩もうとする人物であることには異論の余地もない。すでに彼女は、アメリカ社会で最も大変で、薄給で悪名高い職業に就くという犠牲を払っている。必要な教育コストは、彼女がこの重要な役割を果たそうとするのを阻害するべきものなのか。明らかにこの状況は、組織的な対応なしには解決できないものだった。

社会に奉仕する学生を教育することがスタンフォード大学のゴールなので、私は彼女や、彼女と同じような環境にある人々をどう援助できるかを考え始めた。その後わかったのは、教育学部の主要な寄付者の母親がかつて教師を務めていて、その寄付者は偉大な先生がいることの大切さを深く理解しているということだ。その寄付者とともに、共感に基づき実現可能で公平で長続きする新たな取り組みを案出した。

大学学長が使える資金と、それにマッチする彼女からの寄付金を組みあわせ、奨学金とは別のローン免除のプログラムをつくった。STEPプログラムの修了者が、リソースに恵まれない低所得の学校区で働く場合、スタンフォード大学がローンの一部を免除するというものである。教師がその学校区に4年間留まれば、スタンフォード大学がこの大学院プログラムの全額を援助する。

共感から生まれ、それなりの理由を持って考案されたこのプログラムは、STEPの学生たちに恩恵をもたらし、STEPのミッションを力づけるものとなった。大学も寄付者も、教育の質、特に低所得家庭の子どもたちのための教育という、アメリカが抱える最大の問題を解決することに貢献した。

また、裕福な家庭出身の学生たちが低所得の家庭出身者を大きく上回るという、全米のエリート大学が直面する長期的な問題にも挑むものとなる。エリート大学は、低所得の家庭出身者から才能ある学生を見出し、公平な割合で迎え入れることにおいて、いまだ成果を上げていない。学校区が資金不足に悩み、生徒の学業をアドバイスするプログラムにも欠け、優れた教師をつなぎとめておくのに苦労していることもあり、彼ら生徒側からスタンフォード大学に橋をかけるのは難しい。

だからこそ、そうした教師を育てることがSTEPプログラムのゴールとなる。自分自身の才能と努力によって前進しようとする人々に道を与えることが大学のミッションであるならば、STEPにおいてローン免除に投資するのは、大学のミッションの核となるところに、現在、そして長く未来にまでコミットすることに他ならない。

結果的に、この取り組みは新たな価値ある視点を与えてくれ、大学の他の部分にも影響を与えるものとなった。大学院ではまず、博士課程の学生を経済的に援助するようになったのだ。一方、職業を持つ学生向けのSTEPは先生たちを訓練する。教育的にも社会的にも双方の役割は異なっており、それにあった優先事項がある。言うまでもなく、人を助けるのは単にいい気分だった。

どこにリソースを注ぐのかを決断する時の指針となるもの

共感とは「学習の機会」である

私は共感とは、感情的な衝動であると同時に、学びを得る機会だと捉えるようになった。

大学であれ、非営利組織であれ、あるいは企業であれ、その長であれば、いろいろな人が援助を求めにやってきて、共感に訴えようとするだろう。それに、いつ、どう応えるかは、リーダーが直面する最大の難題のひとつである。すべての要望を満たすことは決してできない。いわば、感情的トリアージとも呼ぶべきシステムを使って、どこにエネルギーとリソースを注ぐのかを決断する必要があるのだ。

その際、いくつかの質問に答えることが指針をくれる。この問題に心底自分を傾けることはできるか？　行動に移そうと思えるほど、それを信じられるか？　その課題を掲げることは、組織のミッションに沿っているか？　もしそうならば、組織にはサポートするためのリソースがあるか？　そうでないのならば、個人として取り組むことはできるか？　その分、他のところへ向けるリソースは制限されてしまうと認識しつつ、自分や組織が持つリソースをそこにどの程度投入したいか？　インパクトを持ち、持続可能な対応を案出できるか？

こうした問いを設定することが、自分自身や同僚の価値観、組織として手を伸ばす範囲、コミュニティやそこを超えた人々に影響を及ぼす課題への理解を深めることにつながる。

こうしたトリアージ・プロセスを経た上でも、意味ある活動を複数目前にして、限られたものだけを選択しなければならないこともあるだろう。多くの場合では、ただノーと言う強さを持たなければならない。これは簡単なことでは決してない。助けてほしいという呼びかけを単純に却下するのならば、強い共感を育てる必要はないだろう。できることは、頭を使いつつ心で聞き、その組みあわせが導く方向を見出すことだけだ。

ある年のスタンフォード大学の卒業式で、私はビルとメリンダ・ゲイツ夫妻が、これまで聞いたことのないような素晴らしい夫婦のやりとりをするのを聞いた。ビルは、数字とテクノロジーを用いて思考し、世界の公共保健問題を解決しようとする。たとえば、ＧＰＳを利用してすべての村で予防接種が行われたかどうかを確認するといったものだ。

一方、メリンダはパーソナルなつながりをそこに見出そうとする。たとえば、インドの病棟を訪問して、エイズで命を落とそうとしている女性の手を握る。ふたりは、頭脳と心の両方を体現する存在で、フィランソロピストとして大きな影響力を持ってきた。頭と心を統合すれば、我々も自分の世界で同様のことができる。

スタンフォード大学は低所得層の学生とどう向きあったか?

共感と公平性をどうバランスさせるか

フィランソロピーを行う組織――あるいは、フィランソロピーを実践する企業――がよく直面する問題は、ミッションの希釈化だ。スタート時には、誰にどれだけ寄付をするという明確なガイドラインを設けていたにもかかわらず、相手の物語が同情を誘うものならば、誰にでも寄付金を与えるようになって、そのガイドラインが曖昧なものになっていくのだ。

大学はこの希釈化の問題に永遠にさらされている。特に学部生への学費援助についてはそうだ。スタンフォード大学には多様な学生がおり、その家庭背景も幅広い。そのため我々は、学費援助プログラムを考えるにあたって多様なバックグラウンドを持つ学生に機会を与え、同時に他の学生の家庭にどの程度の負担を請えるかを公平にバランスさせるシステムを生み出したいと思った。言葉を換えれば、共感と公平性の均衡を取りたかったのだ。

スタンフォード大学は、長年にわたって学費援助の必要性とは無関係な入学制度を採ってきた。つまり、入学を希望する生徒についてはその成績だけを判断材料にし、学費が払えるかどうかは二の次だった。合格が決まれば、家庭の所得やリソースに応じて援助をする仕組みだ。しかし、この寛容な学費援助プログラムにもかかわらず、一族から4年生大学への入学者を出したことがないような低所得家庭の生徒を十分に引きつけていないことがわかった。

入学担当のスタッフがこうした潜在的な学生たちと話しあった結果、問題の一部は、目の飛び出るような値札と、大学進学に関する適切なアドバイスの不足にあることがすぐにわかった（スタンフォード大学経済学部のキャロライン・ホックスビー教授たちの調査は、この問題を「マッチング不足」と記録している）。学費援助について理解を助けてくれる誰かの存在がないと、低所得家庭の生徒はスタンフォード大学のようなところは全く手が届かないと決めてかかるのだ。

これを解決するために、プロボストと私は入学担当課と協力して、低所得家庭出身の学生のための学費免除、あるいは学費と寮費免除のプログラムを提案した。

こうした学生とスタンフォード大学の間にある壁を打ち壊すような強いメッセージを送りたかったのだ。「学費はゼロです」というのが、正しいメッセージだ。

年収が10万ドル以下の家庭の学生には学費免除を、そして6万ドル以下の学生には学費と寮費免除をすると発表した時、心配そうな卒業生を中心とした何人かが懐疑的な反応をした。「さて、これはそんなにいいアイデアとは思えません」と彼らは言った。「受ける教育には大きな価値があるのに、それにタダ乗りさせようというわけですから」

幸運なことに、我々のプログラムはその点にすでに対処していた。学生たちはタダ乗りするのではなく、学期中は大学で毎週10時間、夏期休暇中は20時間働いた所得を充てることで、個人的な寄付をすることになっていたのだ。この詳細を共有すると、懐疑心は溶けた。「ああ、それならば理にかなっています」と彼らは口にした。

共感も公平さに抵触すると問題を引き起こす。それほど大きなものでないにしても、学生たちが個人として責任を果たしていることが、そのプログラムが公平だという判断につながったのだ。

この新プログラムは、次に改定を行った際にも公平性を維持した。この時には、年間所得10万ドルを超えるの家庭に対する学費援助にも変更を加えた。ここでは、ふたつの点を検討する必要があった。ひとつは、このレベルの所得を持つ家庭は、年間2万ドル以上の負担（連邦の定める計算による）を行うことが期待されているが、これが家計を逼迫させて負債が子どもにも受け継がれることを懸念していた。

もうひとつは、公平性についてだ。所得が9万9０００ドルの家庭が学費無料なのに、所得10万1０００ドルの家庭に対して年間1万ドルや2万ドルを要求できるだろうか。このふたつの問題を解決するために、学費援助を調整しなければならず、年間所得10万～16万ドルで大学生がひとりいるという家庭は大きな学費援助が受けられることとした。

こうした条件がすべて明確になると、卒業生と教員の両方が、このプログラムを負担と機会のバランスに大学側が真にコミットしている証拠とみなすようになった。私自身が心底感銘を受けたのは、この学費援助プログラムで大きな恩恵を受けるのは、たいていは成功者であるスタンフォード大学の卒業生の子どもではないということだ。学生は彼ら以外の子どもたちだった。

学費援助は、こうしてスタンフォード大学のミッションを前進させたばかりでなく、多くの卒業生の共感を刺激することにもなった。卒業生たちは、自分たちの共感が公平性と正当性に基づいて行使されていることを確かめたかったのだ。

「問題のある人物」を解雇する時にはどう伝えるか？

チームに対する共感

共感と公平さ――。その質は、リーダーシップのすべての分野で発揮されるのが理想的だが、自分自身のチームや直接の部下に対してもそうであるべきなのは、言うまでもない。

私のチームにおいて共感を誘うケースは、だいたいふたつに分かれる。ひとつは、たいてい医療問題に起因するパーソナルなもの、もうひとつは家族に関連したものだ。いずれの場合でも、相手が誰であれ「あなたや家族の健康をまず優先してください。大学はその次です。自分のことをまず解決してください。後のことはどうにかできます」という同じ哲学を用いている。この哲学によって、一時的に生産性が低下し、他のチームメンバーが補塡してギャップを埋めたりする状況が生まれるが、16年間学長を務めてきて後悔したことは一度としてない。

しかし、ふたつ目の公平さという哲学では後悔したこともある。私は自分のスタッフを責任と能力のある大人として扱い、自分で時間を管理するように仕向けてきた。オフィスに出勤したりしなかったりする時間を、自分自身で決められるようにしていたのだ。重要なのは、仕事がちゃんと遂行されることだった。

ところが、いくつかの状況でスタッフがこの決まりに乗じて仕事を済まさず、チームの足を引っ張ることになったのだ。再び彼らの人間性に訴えながら、私は一度だけならば許されると告げた。結局、誰でも過ちをおかすものだ。だが、もっと頻繁に起こるようならば、公平さが共感を抑えなければならない。

果たしていない仕事に対して報酬を払うのは、大学にとって公平ではない。チームの他のメンバーが怠慢さを埋めあわせするのも、公平ではない。ひとりが平等な貢献をしていないという状態は、チームの士気にも悪影響を与える。

こうした状況の中、私は問題の人物にこう言わねばならなかった。「君は、ここで必要とされているチームのメンバーの役割を果たしていない。それを果たすか、この仕事は自分向きではないと決断するかのどちらかだ」

私が悔やむのは、時にかなり時間が経ってからしかこの手の会話をしなかったことだ。職場を混乱させていると相手に告げるのは、簡単ではない。その人物がある面では秀でた働きをする際には、なおさらだ。しかし、公平さの観点に立つとこれは必要なことだ。そんな場合でも、明快に共感を持って難しいメッセージを伝えるよう努めている。

チームメンバーを解雇するのが簡単なケースもある。そのメンバーがとんでもない振る舞いをして意図的に他のメンバーや組織を傷つけた場合は、彼や彼女は自分で自分を解雇したと私はみなす。こんなケースは稀とはいえ、ここでも共感が登場する。ただ、その場合は問題の人物に対してではなく、犠牲となったメンバーやチーム、組織に対してである。

仕事がなくなる時代に人間だけができること

洞察ある共感とは？

私は、共感という感覚はいずれ厳しい挑戦に立ち向かうことになると思っている。人工知能や機械学習の発展が、仕事や雇用を破壊する。ロボットや自動運転車が肉体労働や運転の仕事に取って代わり、医療の診断や治療プログラムが放射線技師や他の医師の仕事を奪い、ＡＩシステムが法務や事務作業を自動化してパラリーガルや事務アシスタントを追いやるなど、さまざまなタイプの仕事がこの転換の影響にさらされるだろう。

その変化は少なくとも産業革命に匹敵するほど大きなものだが、ソフトウェアは大規模な産業化よりもずっとスケーラブルなため、その速度はもっと速い。こうした成り行きに我々は共感を向けなければならないと感じている。

社会の中で権威ある立場にあるならば、これからどんなことが起こるかについて神経を使う必要がある。大学は、社会の行く末について考えを巡らせるべきだ。この変革に関与している企業ならば、社会が変化に適応するようにサポートしなければならない。

今後、人々はどんどん長期的な失業状態に置かれるようになるだろう。彼らをどうするかを考える必要があるのは、多くが隣人や同僚だという理由からだけではない。テクノロジーの抜本的なイノベーションが引き起こす職業の変化は、一時的な失業を生むことはあっても、その影響下にある個々人は就業に値しない人々というわけではないと認識する必要がある。

これまでになかった職業は何かと同時に、どんなに賢いコンピュータでも代替できない仕事が何かを知らなければならない。もっと多くの教師が求められ、社会の高齢化に伴い介護人材ももっと必要になる。**つまり、人間的要素を深く統合した職業は、アルゴリズムに還元されることなどないのだ。**

リーダーや教育者は、今すぐそうした職業のために人々を準備させる必要がある。そして、共感を教えることも教育に含まねばならない。そうした人間的要素や感情的なつながりを持つこと、相手を気遣うことこそ、ロボットやアプリではなく、人間だけが実践できることだからだ。

物事を正しく方向づけたいという欲求を育む

未来のリーダーの中に共感を養う

世界を率いるリーダーを育てるのは、ナイト＝ヘネシー奨学生プログラムのミッションだが、そのために、奨学生たちが共感を備えた人物となるよう助けることは重要な——いや、必須の——ことと考えている。他者に対する共感をどう育てるか？

この問いは、ルシール・パッカード小児病院の中を視察した時の体験を思い起こさせる。先天性疾患やがんにおかされた子どもたちを訪ねながら、私は自分の息子が3歳だった頃を思い出していた。彼は当時、病気によってどんどん衰弱しており、場合によっては永久的に身体障害が残る可能性があった。家族がどんな思いをしているかについて、私には多少想像する力があり、個人的な経験が彼らに対する共感を深めた。

先天的な疾病を抱えた新生児が保護され治療を受けるＮＩＣＵでは、これまでにないほどの共感を覚えた。そこで目にしたのは、非常に未熟な状態で生まれた双子で、それぞれが手のひらに収まるほどの大きさしかなかった。こうした新生児の経過は厳しいものから希望的なものまでさまざまだが、こんな小さな赤ん坊を救うために時間やお金、リソースを投入することに疑問を持つ人々もいる。

そうした議論をする人々の多くにとって、赤ん坊の命は理論的なものでしかない。しかし、私は絡まるワイヤーや音を立てるモニター、プラスチック製保育器の向こう側から、あるだけの愛情を赤ん坊に注いでいる母親を目にした。新生児の命を救おうとすることは正しいと、私にはわかった。

我々は、奨学生にもこうした経験をしてもらいたい。共感を覚える心を持ち、物事を正しく方向づけたいという深い欲求を持ってもらいたいのだ。共感というと、同情、あるいはチャリティーを意味すると捉えられがちだが、我々が考えるのはそれ以上だ。お互いがやりとりした結果、自分が変わるような共感、他者の目を通して世界を新しく発見することで湧き起こってくるような共感のことだ。もちろん、そうした性質を候補者の中に見出そうとするが、奨学生である間もそれを強化するように努めてほしい。

このトレーニングは、奨学生たちがお互いの人生の旅を共有することで、偶然起こることもある。また、助けを必要とする人々と面と向かってやりとりすることで、形づくられていくこともある。スタンフォード・チャータースクールを訪問した時のことを今でも思い出す。ここである男子生徒が、最も大変なことのひとつに挙げたのは、妹のミルクを確保することだった。彼は、学校の給食についてくる箱入りミルクを毎日取っておいて、家に持ち帰る。この話を聞いた時、私は手を貸さなければならないという決心を新たにした。

奨学生たちには、こうした話を聞いて、こんなことが世界で最も裕福な土地とされるシリコンバレーで起こっているのだということを認識してもらいたい。ここで起こっているのならば、世界中で起こっているのだと知ってもらいたい。この奨学生プログラムの卒業生は、実際に大きな変化を起こし、人間の苦しみを軽減できるユニークな立場にあるが、それも苦しみを理解するだけではなく、現実に感じるというところまで拡張してこそ可能になる。

この拡張した共感を体現しているのは、サラ・ジョセフィン・ベイカーだ。[2] 20世紀初頭にニューヨークの医師だった彼女は、子どものための公共の保健機関を設立したことで何十万人もの子どもの命を救った。

自伝の冒頭に登場する逸話によると、彼女は医師になるずっと以前から共感によって行動する人物だったことがうかがえる。裕福な生まれのサラは、ある日ボロを身にまとったアフリカ系の少女が歩いているのを目にする。その光景にショックを受けた彼女は、すぐさま行動を起こした。自分の服を脱いで、その少女に与えたのだ。

これを読むと、「この人物は成人すれば世界を変えるだろう」と思わせる。実際、ニューヨークの移民コミュニティに公共保健をもたらし、さらに貧困状態にある都市部の子どもや新生児のために戦ったのは最も重要な彼女の功績だ。それによって、彼女は世界を変えたのだ。このような共感を、我々の奨学生にも育ててもらいたい。

低所得地域の病院や学校、ホームレスシェルターを訪問することもあるだろう。だが、そこで出会った人々に心を開き、その経験によって自分自身が変化できるかどうかは、また別のことだ。我々の奨学生が深い共感によって導かれ、世界にポジティブな変化をもたらそうと懸命になるリーダーとして育つよう願っている。

第

5

章

勇気

組織とコミュニティのために戦う

“過ちをおかすのではないかと恐れるよりも、正しいことをやろうと臨む方が勇気がいるものだ”

エイブラハム・リンカーン

「恐怖を感じる状況」でも正しい行動を起こさないといけない

「勇気」と「勇敢さ」は似ているが違う

謙虚さ、真正さ、共感、奉仕の精神を持つこと――こうした性質はリーダーのビジョンを形づくり、正しい行動に舵を切らせてくれる。一方、勇気はその正しい行動を起こすようリーダーにけしかける。多くの人にとって何が正しく真実なのかが理解できても、その理解に基づいて行動をとるのは難しいものだ。勇気ある行動を実践するリーダーは、そこに求められる重要かつ永続性を持つ変化へ組織を導くことができる。

勇気はよく勇敢さと混同される。もちろん、両者は関連しており、勇敢な行動は勇気がなければできないし、勇気ある人生は時に勇敢な行動として現出するだろう。

私にとって、勇気とは永続的なもので、固い決心と道徳的な方向性を持つ人生の基礎を成すものだ。一方、勇敢さはその時の出来事に触発されるもので、それを実行するつかの間に凄まじいリスクを取ろうとする思いとして現れる。ノルマンディー上陸作戦の際に、オマハビーチでトーチカに突撃した兵士は抜きん出て勇敢だった。その兵士の傷は癒えず、痛みと身体障害を乗り越えてその後の人生をやり直すために、勇気を持つことが求められた。

アカデミアや企業に身を置く人間が、勇敢さを求められる機会は限られている。**しかし、勇気は別問題だ。大小の違いはあるだろうが、自分の中の勇気は常に試されているのだ。**リーダーであれば、自然災害や国家の悲劇など、組織外の出来事に対して自分のパーソナルな勇気を行使しなければならない。組織内部の出来事であれば、必要とされるリスクを取って自分の職を変えたり、間違いを認めたり、失敗から立ち直ったりするために勇気が求められる。

程度の差はあっても、我々は皆自分の中にそうした勇気を持ちあわせているものだ。それをどれだけ行使しようとするかは、過去にその勇気という筋肉をどれだけ使って強化してきたかによると、私は思う。

勇気を持つ人も、他の誰もと同じように恐怖心を抱いている。しかし、彼らは恐怖を抱きながらも正しい行動を起こすという生き方を学んできたのだ。髪がグレーになった（あるいは私の場合は白だ）人々は、学習カーブは長く、恐怖の瞬間がそこここにあったことを覚えている。それでも、勇気を持って行動することは、レッスンごとに簡単になっていくのだ。

ＭＩＰＳでのレイオフ、スタンフォード大学で学長として行った最初の数回のスピーチ、そしてこれから書く9・11テロや２００８年の経済危機。こうした体験を通じて、リーダーの勇気を求める声は、部下に対するものよりたいてい大きいということを知った。ただし、リーダーは部下が勇気を奮い起こすように鼓舞するという、特定の強みも持っている。私の勇気は、4つの柱が奮い立たせてくれた。

困難な時期には「自分の役割」を見直す

「コアのミッション」を忘れるな

リーダーシップにあって紛れもないチャレンジに直面した時、人はそれをパーソナルなものと捉えがちだ。そうすることで、問題解決を個人的な探求にしようとする。自分の経験から言うと、そんな方法で解決できる問題は限られている。そんなやり方では目いっぱいになり、自分の感情や熱意が邪魔をして、広い視点や客観性を失いがちになるものだ。

困難な時期に役立つのは、チャレンジを自分個人に向けられたものではなく、組織を率いるという「自分の役割」に向けられたものと捉えることだ。自分の背後には、これまで育まれてきた組織の哲学や価値観、経てきた歴史や前例、そして献身的で忠誠心の高いチームがある。困難な状況に陥った際には、自分の組織のコアのミッションや価値観に沿うことによって危機を逃れることができる。背骨に鋼を入れて強化するようなことだ。[1]

２００８年の経済危機後、スタンフォード大学のコアのミッションにしたがうことで、反対も多かったある決断を価値ある方法で維持することができた。当時、私はプロボスト（大学のアカデミック分野と経営分野のトップで、私の右腕）とともに、大学の予算に大鉈を振るうことが必要なのか、あるいは10年にわたって何千件もの予算カットを継続していくべきかを検討していた。

同僚の多くは、あからさまなカットを避け、代わりに基金から支出すべきだと促した。基金はすでに大きな損失を出しており（50億ドルにも達するその額は、２００９年春までに基金の25％が蒸発したことを示している）、いずれにしても、カットが必要であることはわかっていた。少しずつ経費を減らすというアプローチが問題を解決するとは思えず、言うまでもなく7～10年にわたって毎年経費をカットするという方法は息が詰まりそうだった。

経済が少しずつ回復していくという前提に立ち、我々は大胆な削減を一度に行うことを選んだ。注意深く達した結論だったが、それでもリスクを感じずにはいられなかった。もし、経済が素早く回復したらどうだろうか？　そうすれば、早急なレイオフ、給与凍結、教員の新規採用停止を行ったことで、大学を他校との競争の中に置き去りにしたと責められるだろう。

そのリスクを取ろうと決断した後には、チャレンジの次の段階が待っていた。新しい職を見つけるのが難しい経済環境の中で、誰がそのレイオフの重荷を背負うのかを決めなければならなかったのだ。当初は、それぞれのユニットに削減を平等に分配して、予算に大きな影響が出ないようにしようとしていた。しかし、そうする前にスタンフォード大学のコアミッションが示しているのは何かを考えた。決してカットしてはならないところはあるのか、と。

大学にとって最も重要なものは何か？　それは学生と教員だ。だから、教員の解雇はできないと判断した。そんなことをしたら、スタンフォード大学の評判をひどく落とし、10年をかけて充実させてきた教授陣を台無しにしてしまう（それでも教員の給与は凍結した）。さらにコアミッションにしたがって、学生への学費援助はカットしないと決めた。これをどうやりくりするかは、まったく別問題だ。

２００８年のまだ好況だった時期に、スタンフォード大学はその歴史上最大レベルの学生への経済的な援助の増額を発表していた。年収10万ドル以下の家庭出身の学生は、学費無料で入学できた（第４章の「共感」を参照）。このコミットメントを守るためだけに、毎年２０００万ドルの経費が必要になる（最終的に、状況は予想以上に悪化した。というのも、景気鈍化によって多くの家庭で学費に充てられる収入が減ったため、援助を求める学生が増え、それがさらに毎年500万ドルの経費を必要とし、この影響はその後5年間続いた)。

想像できるだろうが、学生への援助を保持しながら、事務系スタッフにレイオフの犠牲を強いて苦しませるのはつらいことだった。スタンフォード大学のファミリーとして長年忠誠心ある職員だった人々が痛みを負い、一方で学生——その一部はまだ入学していない——は変わりなく奨学金を得るのだ。驚いたことに、これに異論を投げかける者はいなかった。それ自体が、大学職員の献身と価値観を反映するものだと思う。

いったん決定を下すと、状況の深刻さと、不運ながら必要な行動を伝える必要があった。リーダーシップを取る人間が「リードする(率先)」ことが重要だと感じたので、プロボストと私は給与を10%減額し、学部長と副学長らには自由意思で5%の減額を呼びかけた。大きな全体の経済から見ると、こうした減額は取るに足らないものだったろう。しかし、減額によっていくつかの職は救えたし、我々も同じ船に乗っているという事実を強調することができた。

今振り返って、後悔はあるか? それはない。しかし、失った人材は決して忘れられない。何百人ものスタッフが職を失った。解雇のプロセスで、離職手当を増やしたり退職のオプションを強化したりして、最大限人間的に進めようとしたが、それでもいい人材を苦しめたことは否めない。

動くのが早かった（少なくともアカデミック界の標準では、という意味だが）ことによって回復も早く、教員の雇用を再開することができ、中には解雇しなければならなかった才能ある職員を再雇用することができた例もあった。つまるところ、人々に痛みを与えるような決定を下すのは決して気持ちいいものではないが、我々が採った方向性は大学のコアミッションに導かれた確固としたものであり、それによって前進する勇気を与えられたことは間違いない。

成功が約束されていなくても挑戦を続ける意志を持つ

コミュニティに必要とされれば、身を差し出せ

フットボールの試合を見ていると、ヘルメットをぶつけあい、ハイタッチし、勝利や敗北に唸り声を上げる選手たちはパワーの化身のように見える。しかし、試合前のロッカールームでは全く異なったことが起こっている。

選手たちはこれから3時間続く試合の中で起こる重要な動きを心の中でリハーサルし、その間、そこは緊張に満ちた、静かで、不安を伴った場なのだ。同じよ

うに、ドラマティックな感情表現で知られる俳優なのに、会ってみると地味で物腰が柔らかいということもある。関係者の前ではダイナミックなCEOなのに、実際にはシャイで内向的という人物も知っている。これは、つまりどういうことか？

いつも「オン」の状態にある人間はいないということだ。しかし、物を書くなりスピーチをするなり、コミュニティのために立ち上がるのは、リーダーの役割としては重要なことで、そのためには勇気が必要となる。

外から見ていると、たいていのリーダーは大勢の前で泰然としている。何をどう語るのかをいつも心得ているように見える。しかし、舞台裏では自分の勇気を奮い起こして、成すべきことを行おうとしているのだ。容易にやっているように見せるためには、努力も必要だ。どうすればそんなことができるのか？

リーダーが、自分自身としてではなく機関の声として話すことに焦点をあわせれば、リーダーは機関の化身となり、したがって自分のためには出てこないようなパワーと自信を持って話すことができる。その機関は、リーダーに据えるほどの信頼をあなたに置いていることを忘れないでほしい。だから、個人的にどれほど恐れ緊張していても、その自信と役割から言葉を発することができるのだ。

私も、自分自身のキャパシティと勇気を超えて、コミュニティのために声を上げた機会が3回あった。

2000年に学長に就任した際、スタンフォード大学は地元のサンタクララ郡と一般土地利用認可について交渉中だった。これは大学が土地の有効利用のために新しい建物を建てて、それを管理することについての合意である。当時シリコンバレーは活況を呈しており、同時に小規模ではあったがはっきりと声を上げる反成長派の動きも起こっていた。大学側が（産業側の成長と比較して）緩慢な成長のための10年計画を提案した頃、反成長運動も高まりを見せていた。ようやく認可プロセスがサンタクララ郡の行政官たちとの最終ヒアリングにまでこぎつけた際、私はそのミーティングで大学の計画を発表するキックオフの役割を担っていた。

持ち時間数分の中で、私は新しい研究の方向性を共有し、教育計画を列挙し、コミュニティ全体にも貢献する施設計画を紹介した。半分ほど語ったところで、行政官のひとりが割って入り、こう言った。「この計画はいいが、スタンフォード大学は大学とは無関係なプロジェクトによって多額の儲けを出す、巨大な開発業者でもある」

私は凍りついた。血圧は急上昇した。ここでカッとなることもできたが、コミュニティの代表であると気を取り直して、「行政官、スタンフォード大学は非営利組織です。それらのプロジェクトから上がる収入は、1セント残らず研究のサポートと、これがなければスタンフォード大学で学べない学生たちへの奨学金として使われています」と返した。私の発言は、大きな拍手を呼んだ。その時の私は、自分のイライラに迷い込まずに、大学にとって何が大切かを発言する勇気を見出せたのだ。

また、数ヶ月後の9・11テロ直後の時期に、私はスタンフォード大学のコミュニティに向かってスピーチをしていた。これは私が望んだからではなく、学長としての役割がそうさせた。私は、グラウンド・ゼロから数マイルのところで育った、ニューヨーク生まれの人間だ。知りあいにはその近隣で生活し、仕事をする人々がおり、そしてスタンフォード大学のコミュニティにも愛する家族や友人を失った人々がいることもわかっていた。

スタンフォード大学のチャペルでさまざまな宗教のリーダーが参加して追悼式が行われた際には、人々に向けてスピーチをするよう依頼された。その時、自分自身の感情を脇に置いて、なすべきことが遂行できると思った。なぜなら、そこで話すのはジョン・ヘネシー個人ではなく、スタンフォード大学学長だったからだ。コミュニティは学長からの慰めの言葉を必要としているということが、私に勇気を与えてくれたのだ。
当然、ニューヨークやペンシルベニア、ワシントンD.C.で悲劇の犠牲になった人々を讃えることに最大の配慮をしたが、同時にイスラム系の学生や市民に対する反感が巻き起こることも懸念していた。だからこそ、リンカーンの2回目の就任演説を引用した。

何ぴとにも悪意を抱かず、すべての人々へ慈悲を持って、神が我々にこれが正義だと示す正義を固く信じ、着手した仕事を成し遂げようではないか。そうすることで、国家の傷を癒やし、戦いを耐えた兵士や未亡人や孤児を援助し、公平で永続する平和を、我々とすべての国家のために達成し育もうではないか。

リンカーンを引用すれば、間違うことはない。2回目の大統領就任演説で、彼は正当で勇気ある行動とは報復ではなく、深い同情の念を持って平和実現のために努力することだと示している。
その4年後、私はコミュニティのメンバーをサポートするためにまた身を差し出していた。アメリカのある偉大な大学の学長が、科学やテクノロジーの領域で女性が少ないのは、おそらく生物学的な違いによるものなのではないかと公に発言したのだ。

彼の意味したところは、本質的な違いと社会的な影響との関係を探る提案だった。だが、違ったふうに解釈され、女性は数学と科学において男性ほど優れておらず、その才能もないといった意見を正々堂々と表現できる切り札を与えたとして評論家たちに利用されてしまった（今日でも、リーダーの発言が差別主義者やイスラム嫌悪派、反ユダヤ派のグループを鼓舞してしまうという、同じような状況が見られる）。

スタンフォード大学と全米の女性教員らは、ことの成り行きに強い不快感を抱いていた。この分野に詳しい研究者たちと話をする中で、私は少女や女性が、科学とテクノロジー分野におけるキャリアを追求するのを妨げる、暗黙のかつ露骨なバイアスという大きな問題があることを知った。教員たちをサポートし、異なった視点を提供する必要を感じた。間接的であっても仲間を批判することは、アカデミック界ではほとんど起こらないことだが、そうするのが正しいと私は判断した。

ＭＩＴ学長のスーザン・ホックフィールド、プリンストン大学学長のシャーリー・ティルマンとともに新聞に意見コラムを寄稿し、この分野で女性の存在を増やすことはフェアであると同時に、アメリカにとって重要なことだという点を明らかにしようとした。生物学的な違いと才能を結びつけた有名な「グーグル・

メモ」に見られるように、10年後の現在もこの闘争は続いている。我々の意見コラムには何百ものメールでのサポートがあり、いくらかは影響を及ぼせたものの、こうした議論を終わらせることができなかったのは明らかだ。

自分の組織の声を届けるためにリーダーの発言は必要だが、そのレトリックが勝利を約束するわけではない。私は、ドリーム・アクトを支持する発言を多くの場で行ってきた。これは、子どもの頃にアメリカに連れて来られ正式な出生記録書類のない若者に、市民への道を与える移民法の改正である。スタンフォード大学や他の大学に通う「ドリーマー」は多く、我々は彼らがこの国で未来を築いて当然だと感じたからだ。

何たることか、これについて発言した私も他の同僚も、いずれの党においても十分な数の政治家たちを納得させられずにいる。しかし、勇気とはたとえ成功が約束されていなくてもトライする――そしてし続ける――意志を持つことだ。長く続く社会的変化を起こすには、何世代にもわたる粘り強い行動が求められる。自分の生きている間に望むような結果が実現できなくても、その行為を通じて人々の生活を良い方向へ変えているという事実から勇気を得ることができる。

自分のエゴから自由になり、自分の組織やコミュニティが必要とすることを代

弁する立場をとる時、壇上に上がる際の手は震えているかもしれないが、口を開けば恐れは静まる。私自身が経験したことだが、この変化は驚くべきものだ。たった1分前には自分の任務について自信が持てなかったのに、今突然何をすべきかがはっきりと見える。だからといって、メッセージを準備し、周到に手を入れ（メッセージは手短に、正確に、明快に）、何度も練習しなくてもいいということではない（自分の持ち時間はたっぷりあると思うだろうが、危機にはまたそれ自体の時計がある）。

リンカーンは、ゲティスバーグ演説の272語をまさに正しく伝えるために、かなりの時間を費やした。膝をガクガクさせたマーク・トウェインは、練習に練習を重ねて、その時代を代表する講演者になった。聴衆が何を必要としているかに焦点をあわせれば、足を踏み外すことはなく、勇気がサポートしてくれるはずだ。

最後には「自分たちの決断を守り通す方法」を見つけなくてはならない

勇気とは時に「足を踏ん張ること」を意味する

コミュニティがあなたの発言を求め、正しい言葉を見つけるのにちょっと頭を使うという状況もあるが、リーダーシップの発言と行動を要求する人たちと対峙するような状況もあるだろう。しかも、何らかの擁護を促す発言や行動がその機関のコアの原則に反したり、個人に不当なものになったり、機関に思わしくない結果をもたらすこともある。こうした際には、発言せよという大きなプレッシャーを感じても、留まる勇気が求められる。

おそらく、我々が直面した最も困難な状況は、学生の抗議に関わるものだ。学生たちは高邁な意図を持っていても、正しい情報に基づいていないとか、運動を起こそうとする人々に翻弄されていることもしばしばだ。抗議がよく起こる政治的状況、あるいはほとんど起こらない企業環境において、抗議者を扱う主な手段は、セキュリティ係員を動員するなどしてリーダーシップを抗議者から隔離して衝突を避けることである。一方、抗議者がたいてい学生という大学の環境では、隔離は有効ではない。

リーダーシップは学生と会い、怒鳴り声やシュプレヒコール、名指しの批判（私はシリコンバレーの最悪の上司だ、というものも含めて）を受ける意志を見せなければならない。抗議者が用いる手段としては、その他にも、オフィスの受付エリアの占領（自分たちで利用するためだと言って、猫用トイレを武器として持参する）、ハンガーストライキ、校舎周辺でキャンプをして出入り口を塞ぐ、私の自宅前に午前5時に現れてシュプレヒコールを唱え（金で雇われた抗議者も含まれる）、道を塞いで窓に石を投げつけるといったものがある。

こうした抗議では、学生は即座に合意を迫る要望リストを提示してくる。ともかく同意してしまおうという、安易な道を選びたくなるのが正直なところだ。だが、要求に応えれば自らの組織に（時に他の組織にも）害を及ぼし、ひどい前例をつくってしまうというふたつの理由で、これはやってはならない。

そうではなく、要求に耳を傾け、正しい行動が何かを捉え、そして自分たちの決断を守り通す方法を見出さなくてはならない。どんな挑戦に直面したかを、いくつかの実例で説明しよう。

最初に私が直面した長期的抗議のひとつは、主に学生が主導していたが、労働組合のメンバーにアドバイスを受けており、下請け労働者の生活賃金規則を要求するものだった。抗議手法は、公共の場でのデモや学生のハンガーストライキを含み、均一の規則の履行を要求したが、これは実行や維持が不可能で大学側は適切でないと判断した。私が深く憂慮したのは、学生たちのハンガーストライキである。我々のやり方は正しいと思ったが、学生のことが心配で、彼らの抗議の深さには私を不安にさせるものがあった。

一部の労働者との会合を開いて、もっともな論点をふたつ特定した。ひとつは、臨時労働者向けの規則の不当解釈に関するもので、もうひとつは労働者を不当に扱う下請け業者に関するものだ。最終的には、この2点については問題を解決する規則を受け入れたが、他の主要点については立場を守った。

この経験から私が学んだのは、大きな組織はすべての点において期待されるような水準を満たしていると決めてかかってはならないということだ。規則の適用範囲を制限したにもかかわらず、主に学生向けの食事のケータリングサービスを学内の数ヶ所で行っていた会社が、その規則のもとで運営を継続することは不経済になると判断し、同社の作業員たちが解雇された。スタンフォード大学の食事サービスが施設の運営を引き継いだが、高くなった給与を支えるために料金が高くなり、多くの学生が食費の値上がりに対して苦情を寄せた。思わぬ影響が出ることに留意しなければならないということだ。

組合交渉を前にして組合の契約改正を迫るデモや行動が行われたこともあった。この手の抗議の目的は、正式な交渉の前に譲歩を引き出すことだ。こうした場合、大学側は交渉プロセス以外で交渉をすることを拒み、立場を崩さなかった。

もっと複雑なケースもある。スタンフォード大学ブランドのスポーツウェアの生産にスウェットショップが採用されていることに学生が抗議して、デモや校舎の占拠が行われた。メジャーなスポーツウェアブランドの生産はたいてい発展途上国の下請け企業が行っており、大学とは直接のつながりがない。そのため、そうした雇用主企業に悪い記録があっても、大学としてどういった行動をとるべきかがすぐには明確にわからなかった。

学生側の要求は多岐にわたり、「模範的」工場だけに大学のスポーツウェア生産を限ることなどを含んでいた。ただ、その方法では、模範工場にモニタリングが集中するため、90%の作業員が働く他の工場でのモニタリングに悪影響を与えることになる。これは退行になるので大学側は要求を呑めないとしたが、こうした工場をモニターするふたつの機関に加入することには合意した。

単科大学や総合大学にとって近年の最大の難題は、性的暴行に関するものだ。この問題は、3つの面で難題を抱えている。まず、ほとんどのケースにおいて、被害者と訴えられた犯人の双方が学生であること。そして、犯罪調査や刑事起訴につながる可能性のある問題に、大学は慣れていないこと。さらに被害者および加害者として訴えられた人物の両方の守秘によって、コミュニティが事件について全体像を描けないでいることだ。

こうした状況に縛られるため、学生が大学の法務委員会が下した判断を覆すように大学に求める抗議を起こしても、それに応えるのはほぼ不可能だ。内密のヒアリングで提示されたすべての証拠をもとにした法務委員会のプロセスを覆して、十分な情報を持たない群衆が求める罰を科すのは不当だ。

残念なことに、こうしたケースでは、たとえ一方が部分的に情報を開示しても、詳細は内密にされるため、それを盾にして我々の決定を守るといったことができない。いくつかのケースでは、メディアが問題を過度に簡略化したり、一面的、あるいは歪んだ調査や報道を行うことで、対立を深めたりすることもあった。

学生やメディアを攻撃するのは有益でないとわかっていた。我々ができるのは、すべての事実が明らかなわけではないことを示し、被害者に対する憂慮と同情の念を反復して表し、法務委員会がとった注意深く周到なプロセスを支持するために堅固な立場を守り抜くことである。

抗議の詳細が何であれ、学生は大学のコアであり、また彼らは同情や正義など善なるモチベーションを持っていることがほとんどだ。目前の問題について部分的な理解しかしていなくても、学生が立ち上がることにはいつも何らかの真理と正当性がある。だから、事実を正しく捉え、彼らの意見に耳を傾け、現在の規則とそれを変えろという要求の両方の行く末をしっかり理解することが重要だと学んだのだ。全体像が見えればすぐに、変更を行ったり立場を守ったりするための勇気を喚起できる。

「手を引く」こともまた勇気を必要とする

思慮深くリスクに挑め

公の抗議運動などによる変化への要求に直面しなくても、組織の内部から変化が起こることも当然ある。常に新たな挑戦が浮上するので、何を成功とみなすかは永遠に変化する。組織のリーダーとしては、現状を維持し安全な道を採るのがベストだと、関係者を説得するのが自分の仕事だと思うかもしれない。究極の守護者としては、組織のアセットを保護することが主要な役務だと決めてかかるだろう。慎重に管理し、流行に与（くみ）しないこと自体が勇気の表れだと、自分に納得させようとするだろう。

ただ、そんなことはおそらく長続きしない。

21世紀の急速な変化の中では、「過剰な注意深さ」は高速で回転する変化の車輪の下敷きになる。**永遠に変わり続ける環境の中で組織を管理し、成長させる才能が効果的な現代のリーダーシップである。**

これは、よく計算されたリスクを冒すことだけを意味するのではなく、リスクを取った後に、それが失敗した際にはすぐに立ち直ったり、成功を利用したりするというサイクルにうまく乗っていくことを習得することを意味している。さらに、リスクを冒すことが自分の性格にあっていなくても、組織のためにそれを実践することを学ばなくてはならない。リーダーの行いは、部下の振る舞いのパターンを決める。リスクを避けようとするリーダーは、組織全体のイノベーションと新しいアイデア共有の気風を削いでしまう。[2]

もちろん、リスクテイカーであること自体には危険がある。向こう見ずなCEOは企業を間違った方向へと導いてしまう。よくあるのは、CEOが関係者からの抵抗に遭うことだ。現状に満足している（だいたいは課長や部長クラス）、あるいはすでに得ているものを失いたくない（たいていは投資家や平社員）、あるいは新たな指針を思慮深く検討して反対するといった理由によるものだ。この3つ目のグループは——少なくとも部分的には——正しいので、無視されてはならない。

しかし、最終的にリーダーとしての仕事は、リスクを取るか取らないかを決定することである。**精査することで成功率を高めることもできるし、自分の戦略がもたらす利点を関係者に説くことで反感が起こるのを最小限に止めることもできるだろうが、最終的に決断を下すのはあなただ。**

決断によって組織を成功に導けば、それを支持してくれたチームを讃えることができる。反対に、組織を間違った方向へ率いたことがわかれば、その事実を認めて方向を変える勇気を出し、できれば損失を最小限に抑えることが求められる。プロセスが進めば進むほど、進路転換のためにはさらに勇気が必要となる。そんな経験があるのだろうと推察されるだろうか。その通りだ。

2011年にニューヨーク市は、ルーズベルト島に大学の出先機関のためのキャンパスを建設すると発表した。このキャンパスは、科学、テクノロジー、アントレプレナーシップをテーマとし、市と提携する大学には土地とプロジェクトをスタートさせるための1億ドルの資金が与えられることになっていた。この資金のほとんどは、敷地を整えるのに使われるだろう。

ニューヨーク市がスタンフォード大学にも入札に参加するよう誘ってきて、私は乗り気になった。スタンフォード大学は、交流や研究ネットワークの中に多数の小規模施設を抱えていたが、それらは大きな機関ではなく、また常任の教員もいなかった。このプロジェクトに参加すれば、全く新しいキャンパスを構え、教育と研究という大学のふたつのコアミッションを拡大することが可能になる。

大陸の反対側に最良質でフルサービスのキャンパスをもうひとつ持つという偉大な大学が他にあるだろうか？

この試みに乗り出すことに大きなリスクが伴うことはわかっていた。しかし、これはスタンフォード大学を21世紀の大学機関としての頂点に移行させる方法だと閃いたのだ。マンハッタンという金融、アート、コミュニケーションの中心と、シリコンバレーというテクノロジーの中心。この世界の偉大なるパワーセンターを結びつけることができる。他に類を見ない道と機会を我々の学生や教員に与えることができ、東海岸や偉大なるメトロポリスに住みたいという、トップクラスの教員をひきつけるパワフルな魅力にもなる。

飛び出す前に、スタンフォード大学のコミュニティに打診したところ、教員の同僚と理事という大学のふたつの最重要グループの意見は二分された。理事のうち何人かは熱狂的に支持してくれたのだが、残りはリスクが大きすぎると考えた。当時は、経済危機からやっと抜けたばかりで、いきなり大規模な冒険に挑むことに気が進まなかったのだ。

ニューヨークでのプロジェクトには、第一段階で10億ドルのコストが見積もられ、その後は倍の額がかかる。これはパロアルトにあるキャンパスの運営と同等なものになる、それを心配したのだ。心配であることは理解したが、私は同意しなかった。今こそ、回復基調に乗った勢いを利用して、今世紀間続くようなポジションに大学を位置づけるべきだと思ったのだ。そのメッセージを伝え、私は堅固に踏ん張った。

理事の中には、市の選抜プロセスが結局は政治的になることを憂慮する人々もいた。それがいくらか疑念を抱かせたものの、市長は選抜の基準は政治ではなく実力本位のものだと保証した。理事にこの保証を伝え、もし政治的な戦いになるようなことがあれば、すぐに撤退することに同意した。

教員の間では、質が最大の懸念だった。ニューヨークのキャンパスはただの象徴的なものとなり、実際にはスタンフォード大学の名前にそぐわないB級なものになることを恐れていた。この懸念も納得のいくもので、スタンフォード大学の地位を損ね、リソースを二分することになりかねない。そのため、さらに計画を発展させて、ルーズベルト島のキャンパスはパロアルトにあるキャンパスと同等のものとして、教員や大学院生すべてをふたつの立地で共有することにした。

つまり、ひとつの大学がふたつのロケーションにあるということで、ふたつのバラバラの機関にならないということだ。学部生を一学期間ニューヨーク市で勉強させるという可能性も、この主張をより強いものにした。教員らはこの計画を理解するやいなや、この試みに乗り出すことを支持してくれた。

選抜プロセスは最終段階に進み、スタンフォード大学ともうひとつの候補が残っていた。我々の交渉チームは、テーブルの向こうの相手と熱心なやりとりをし、ニューヨーク市立大学（CUNY）と提携して、そこが一時的なキャンパスとなり、かつ長期的な関係を結ぶという取り決めがメディアでも好意的に扱われ、スタンフォード大学の理事もルーズベルト島を訪れて敷地の可能性をその目で確かめた。総合的に見て、我々は契約を締結する良いポジションにいるように思われた。

この時までに、多くの人々が何千時間をこのプロジェクトに投入し、全世界が選抜プロセスの進捗を見つめていた。私は、自分の評判にかけて、このビジョンを信じてほしいとコミュニティに訴え、批判的な人々をも熱心なサポーターに変えていた。ところが、交渉が崩れ始めたのだ。

確かに、すべてが最初に約束されたようなものではなさそうだという兆候は早い段階から見られた。当初は、そんな兆候を無視することを選んだ。結局、リスクを冒すには、自分のビジョンに揺るぎない信頼をおかねばならない。非営利組織が関わる交渉では、一方が知りたいすべての情報を相手が共有するのが典型である。双方は競合するのではなく、共通するミッションに携わっているからだ。しかし、市との交渉は違っていた。プロセスを通して、我々の調査によって新事実が露呈し、中でも最大のものは、その敷地にかつて建っていた病院のゴミ廃場（そして環境汚染の可能性）があるという事実だった。

さらに事態を悪化させたのは、ニューヨーク市のチームが教員や学生の住居用に計画していた土地を市場価格で購入するように告げてきたことだ。非営利組織である大学は、学生や従業員に建設コスト以下で住まいを提供することが通例だが、これではまるで、市場主導の開発業者のように我々をみなしていることになる。

新事実や要請が重なるにつれて、疑問が頭をもたげた。さて、どうするべきか？　このプロジェクトは現実になってほしい。提案作成だけに１００万ドルを費やし、そのためにスタンフォード大学の最も優れた人々の統合的な頭脳を借りた。懸念は大きくなったが、交渉続行を決定し、同時にリスクと落とし穴を最小限に留めることを目指した。

ところが市は、新しいキャンパスでの教員と学生の一定の人数を、タイムラインに沿って確約することを契約条項として盛り込んできたのだ。その数字を我々が達成することが彼らのゴールであることは理解できた。だが、この要求に応えようとすると、教員雇用と学生の入学を管理するのはスタンフォード大学の教員であるというプロジェクトの主たる原則を損なうことになる。我々としては数のために質を犠牲にしたくなかった。

これはうまくいかないと決断したのは、この時だ。この契約は、大学のコアの価値観に反するものとなる。喉から手が出るほど手にしたいプロジェクトで、マンハッタンをたった300ヤード先に眺める敷地に立つことで、新キャンパスがどれほど現実的なものに感じられたとしても、方向転換をしなければならなかった。

私はスタッフや法務顧問、土地と建物を担当するヴァイスプレジデントをミーティングに招集した。ニューヨーク市との交渉で出てきたさまざまな要注意事項や、契約締結後に条件や責務を守れなかった場合の付随リスクを含めてあらゆる詳細を検討した。

我々の恐れは正当なものだった。スタンフォード大学のコアミッションを崩したり、我々の価値観を損なったりすることはできない。したがって、契約にサインできないと結論を出した。

おそらくニューヨーク市は、大学が開発業者とは全く異なる方法で運営されているのを理解していなかったのだろう。この契約を切望しているから受け入れるだろうという前提のもとに、市側は条件をつけ加えてきた。我々が大学のビジョンや根底にある価値観にどれほど深くコミットしているかを、彼らは認識していなかったが、もしかすると我々の側もそれを明快に伝え損なっていたかもしれない。

私が理事会長であるレスリー・ヒューム医師に電話をかけ、ニューヨークの契約から撤退することを告げると、彼女は驚いたが、それは私が予期しない理由からだった。彼女は、私のチーム（つまり私）がこの取引に没入するあまり、どんな障害があっても遂行するのではと危惧していたというのだ。このニュースを聞いて、彼女は安心したと思う。

この契約から身を引いた悪影響は大きく、ニューヨーク・タイムズ紙の記事で我々は徹底的にやりこめられると私は予想したが、この件で眠れなかったことはない。最終的には、ニューヨークにいる卒業生やニューヨークのメディア両方から肯定と賞賛を得ることになった。スタンフォード大学の地元では、プロジェクトの最大のサポーターだった理事たちも、なぜ辞退したかを理解してくれた。教員たちは、大学が夢の実現のために彼らを売り飛ばさなかったことに安堵していた。

実際のところ、これほどハイリスクなプロジェクトを追求する勇気――そしてそこから身を引く勇気――を見せたことで、スタンフォード大学のコミュニティは、思慮深くリスクに挑むことを支持し、恐れずに価値主導の行動に出ることを尊敬するという考えを強化させたと言える。

個人的に言って、私に後悔はない。リスクを取り、その中で21世紀の大学とはいかなる場所かを描いたことは正しかった。同様に、その取引が我々の基本的な原則にそぐわず、懐疑的だった人々の懸念が現実になった時に、そこから離れたことも正しかった。まだ新聞がこのストーリーを報じていた1週間の内に、私は同じような転換に役立つ新しい機会、世界にさらに大きなインパクトを与える機会を探し始めた。それがいずれはナイト＝ヘネシー奨学生プログラムのビジョンとして結実する。

時には夢を手放さなければならないこともある。だが、リーダーが勇気を持っていれば、その努力が無駄になることはなく、いずれ手にしたものに歓喜することだろう。

第

6

章

コラボレーションとチームワーク

何事もひとりではできない

“集まることで始まり、ともにいることで進歩し、協力して働くことで成功する”

ヘンリー・フォード

すべてのチームメンバーは「対等」である

リーダーが「一番偉い」と考えてはいないか?

コラボレーション——あるいはチームワーク——を、我々は必ずしも偉大なリーダーにかかわるものとして捉えない。ボスとは、誰かと協力するのではなく命令する人、そう考えてはいないだろうか? リーダーになったのも、その権威を誰かと共有するためではないだろう。もしチームがあるとすれば、それはあなたが命令する対象であって、そこに加わるためではない。

私の経験では、それは逆だ。**リーダーシップとは、すべてがコラボレーションとチームワークなのである。**もちろん特定の仕事は自分で完結させるが、重要な企てのほとんどはチームによって達成される。そしてそのチームとは、行動を命令する相手としてのチームではなく、自分自身が積極的に参加するものなのだ[(1)]。

これは、初耳ではないかもしれない。だが、次のことは知らないだろう。あなたのチームメンバーはあなたと同等であり、貢献においてはあなたより優れた人物もいる。私は、上司がリーダーであるばかりでなく指導者でもあり、その貢献が他の誰のものよりも高く評価されなければならないというチームを無数に目にしてきた。だが、それはチーム——確実に成功するチーム——ではなく、ただの暴政だ。私の経験では古典で言われる「primus inter pares」、つまり同輩中の首席という立場が、最良の結果を生んできた。

有能なリーダーであろうとするならば、チームに参加するだけではなく、チームをつくり、メンバーにモチベーションを与え、メンバーが非線形的かつ大胆な貢献によって大きな成果を上げるような、クリエイティブな思考を支える環境を育む方法を知っておくことが求められる。

とはいえ、正直なところ、私が生まれつきのチームメイトであったかどうかは不明だ。私の場合、私を熱心なコラボレーターになるよう変えていったのは科学とテクノロジーである。これらの領域は、他者とうまく協力したり、ふたつ以上の心が相乗効果を起こしながら作業をしたりすれば、ひとりでやるよりももっとパワフルになれることを教えてくれたのだ。

シリコンバレーやスタンフォード大学で生活し仕事をすることは、その信念を日に日に強化していった。**この環境で私が学んだのは、究極的に最も洞察に富んだ貢献をするのはリーダーではなく、最年少のチームメンバーであるということである。**

その理由はいくつもある。若さというエネルギー、リスクを恐れない意志、最新のイノベーションに触れていること、反権威的な態度、評判を落とすことを恐れていないこと、そして前例から解放されていることなどだ。

ハイテク企業もアカデミアもこの現象をよく知っており、だからこそ、チーム内やチーム間の境界を壊そうと絶えず努力する。垂直、水平の壁を取り払うことで、大学院生、雇用されたばかりのジュニアスタッフ、あるいは隣のチームの誰かがプロジェクトに貢献するのを可能にするのだ。

ヒエラルキー的な思考をうち壊すのは簡単ではない。経験を積み、肩書も上の人間が、下位の同僚と権威を共有するのに抵抗を示すのは、人間の本性だ。しかし、この手の権威の「平坦化」は科学者やエンジニアの間では、ふたつの理由からすでに起こっている。

ひとつは、自然科学では、先輩よりも若い人々が重要な発見をしてきた長い歴史があること。アインシュタインが彼の「驚異の年」を経験したのは、26歳の時だったのはご存じだろう。個人的な業績では、科学者やエンジニアは20代から40代の間でピークを迎えることがしばしばで、多くの年配の科学者たちは「子どもたち」が真のブレイクスルーを起こし、年配者たちはメンター、チームリーダー、ファシリテーターなどの他の役割で貢献することを受け入れている。

ふたつ目の理由は、科学や工学は量的なもので、アイデアの強さを客観的に計測し査定できることだ。実験では細かな記録を残して、もしチームメンバーが実験結果や、誰がどれほどの貢献をしたかについて文句を言えば、証拠を差し出すことができる。

しかし、マーケティングやプロダクトデザイン、上級管理、戦略策定など実証的でない活動においては、それほど明確な査定はできない。何を計測すればいいのか？　どう計測するのか？　成功には多くの母と父が関わっており、彼らの貢献は大きな議論の的になるだろう。よくあるのは、こうした状況でチェック機能が働かないと、ヒエラルキーがそのまま通用してしまうことである。

上司だ、インターンだと、身分をわきまえるのはいいことではない。というのも、若手が驚くべき洞察を持っていても、肩書によってかき消されるようなことが起こるからだ。

誰もが平等に貢献できるような文化を組織が持つことは、極めて重要な要素である。そして、そうした文化はリーダーであるあなたから始まる。偉ぶらず真のチームプレーヤーとなり、他者の業績を正直に評価すれば、あなたは成功への道を開くだろう。

「優れたチーム」をつくる方法

チームの成功のためにリーダーが目指すべきことは、協力的な振る舞いを自ら示すことに加えて、メンバーを正しく選び、チームの運営の基本ルールを定めることだ。これは見た目ほど単純には進まない。私は、1980年代にスタンフォード大学で始まったMIPSプロジェクトでそれを思い知った。

我々の実験は、非常にシンプルな疑問から始まった。単一チップの中に完全なコンピュータをつくることは可能だが、それは、ミニコンピュータやメインフレームをただ真似する以外の方法でつくられるべきか？開発しようとしているのは、根本的に新しいことで、まだ実証されていないものだという認識のもとで、我々は学際的なチームを組んで、可能なすべてのシナリオを見定められるようにした。

集積回路が設計できる人間、コンピュータの構成とアーキテクチャーを理解する人間、そしてコンパイラーやOSがわかる人間などだ。さらに、マイクロプロセッサやそのコアとなるソフトウェアが設計できるのは小さなチームでしかなかったので、独自のコンピュータ支援デザインツールをつくって、我々にレバレッジを与えてくれるような人物も必要としていた。

チームのメンバーは私と数人の同僚教員で、彼らによってコンテキストや組織、そして特定の知識（たとえば、私は当初コンパイラーの専門家だった）や判断力がもたらされた。残りのメンバーは大学院生だ。キーとなるアイデアは彼らから来ると、我々は期待していた。

学生たちは、学際的な方法で目新しいアプローチをとることを念頭に置いて、必要な機能はソフトウェアに置くかハードウェアに置くかを検討していた。まさに我々が求める、若く輝く頭脳を持ち、従来の知恵を再考し再発明しようとしていたのだ。彼らは自立した批判的な思想家だった。

教員のメンバーは、実験のプロセスをつくるよう任命されていた。我々はまず問題についてブレーンストーミングすることから始め、チーム全員が関係資料を読み、検討に値するアイデアを出した。新しい方法が求められていたとはいえ、アイデアが全くの無条件でいいということではなかった。もしそうならば、このプロセスには終わりがなくなる。現実と、なぜそれがうまくいきそうかという洞察によって、制限を受けていた。そうした境界を設定するのが、我々「古株」、つまり教員の仕事だ（当時、私は28歳だった）。

ジェフ・ベゾスが独自のピザ2枚ルール（すべてのミーティングは、参加者の空腹を2枚のピザで満たすくらいのサイズに留めるべきだ）で唱えたように、少人数の非常に有能なチームはより効率的である。我々のチームもまさにそのタイプだった。高レベルで思考する結束の固いグループだ。

加えて、最も生産的なチームは、そのスキルや視点、性格において最大の多様性を持つという調査結果がある。チームの結束を保ちながら、異種性をどう最大化するのか？　こうしたチームのリーダーにとっての究極の挑戦とは、これに尽きるのだ。

我々のチームが学際的であることは、独自の挑戦も生んだ。異なった観点を持つ才能を一ヶ所に集める際には、どのメンバーにも均等に権限を与えなければならない。そうしないとチームは、同じ技術用語を共有する派閥に分裂してしまう。さらに、ひとつの領域出身のメンバーの肩書が他とは異なっていることで、領域間にヒエラルキーができてしまい、あるグループが他よりも意味ある貢献をしているととられてしまう。

チーム内の競争は、一定の基本ルールによって回避できた。まず、私は何か偉大なことを成し遂げるという、同じゴールを皆で共有していることを確認した。それを偉大にするためには、そのすべての部分が優秀でなければならない。これが、チームメンバーすべての専門領域について基本的な尊敬を打ち立てた。

さらに、革新的で学際的な思考を支えるために、ふたつ目の基本ルールをつくった。アイデアを頭から批判しないということだ。発想源に対する判断やアイデアに対する予断なしに、それを熟考し、評価するのだ。

これらに3つ目の基本ルールを加えた。厳しい質問は許されるばかりか、必要であるということだ。問いは尊敬を持って発し、オープンな心で受け取ることによってのみ評価される。チームが何か重要なことを成し遂げようとしているのならば、アイデアは激しく、無慈悲とも言える挑戦を受けて立たなければならないのだ。そうした挑戦は、それを考案したメンバーに対してではなく、アイデアに向けられなければならない。

これらが最後の基本ルールにつながった。チームメンバーには、互いに最大の尊敬を持って対する。つまるところ、チームに参加するのに十分な才能がなければ、そもそもここに招かれていないのだ。

特に、トップレベルの個人からなるグループの場合、チームリーダーは、一番声が大きい人物が勝つという考えを押し潰さなければならない。それに代わり、個人批判や怒りを抑制し、思慮ある議論が起こるのを奨励するような仕事環境を育てなければならない。MIPSプロジェクトでは、教員のメンバーがそうした行いを自ら実践し、強化した。

ＭＩＰＳプロジェクトに参加し、さらに後にシリコンバレーで学んだ教訓は、スタンフォード大学の学長としての私に重要な習慣を与えてくれた。特にチームワークには、同じ基本ルールを用いている。

新しいアイデアと厳しい問いを奨励する。議論のために問題を提起する人間を責めたことは一度もない。反対に、議論のテーブルに問題を出さなければ、そちらを非難するだろう。チームメンバーには、「ねえ、ジョン。それでは間違うよ」と安心して言えるようになってほしい。彼らには、遠慮なく発言することに対して臆さないでほしいのだ。

パートナーを「尊重」し「信頼」する

コラボレーション成功のカギは「自分の役割」を知ること

私はキャリアを通して、多くのチームやコラボレーションに関わってきた。中でも重要なふたつは、これほどかけ離れたものはないというほどに異なっている。

ここには、効果的なコラボレーションのためには、自分の役割を見出し、それを実践せよという教訓が含まれている。

私がまだ教授で研究者だった頃に始めたジム・クラークとのパートナーシップが非常にうまくいったのは、そのためだ。ジムに会って、彼が世界を変えようとしていることはすぐにわかった。

生まれつきのリスクテイカーとして、彼は間違うことや、自分に同意しない人物を怒らせることを恐れていなかった。彼は、小さく考えることがほとんど不可能に見え、アドバイスにも全くと言っていいほど耳を貸さなかった。ジムと仕事をするのは困難だと言う人々もいたが、――彼は聡明でカリスマ性があり、テンションが高く要求が多かった――私自身はトラブルになったことがほとんどない。実際、ふたりの仕事はうまくいった。なぜか？

理由はふたつあるだろう。まず、大きなことに没頭し、それをどうしても成功させようとするジムの姿を、私は評価していた。彼は勝つためにそこにいて、それは私も同じだった。ふたつ目は、私はすぐに自分の果たすべき役割を悟り、それを守ったのだ。

つまり、ジムはコンピュータ生成のグラフィックスを実現するという、大きなビジョンとコアのアイデアを持ち、私はそのビジョンを達成するためのツールをつくるというものだ。その過程で学んだ多くは、数年後にＭＩＰＳに関わる際の土台を築いた。

15年後、スタンフォード大学の学長となった私は、プロボストのジョン・エッチェメンディと新しい、そして全く異なったパートナーシップを組んでいた。性格からいうと、彼はジム・クラークと正反対である。いずれも素晴らしい知性の持ち主だが、エッチェメンディは外交的で慎重、そして私が会った誰よりも忍耐強かった。エッチェメンディはスタンフォード大学の哲学の教授だ。論理家として、コンピュータについてもかなりの専門知識を持っていた。彼とは、授業におけるテクノロジー利用を話しあう大学の委員会で短期間一緒に仕事をしたことがあり、彼が大学の未来に深い関心を持つ思想家であることを知っていた。エッチェメンディは、私を学長に選んだ採用調査委員会の共同委員長だった。私は、学長就任後、彼に大学のＣＯＯであるプロボストに就いてほしいと依頼した。

プロボストの多くは、学長への階段だと考えてその職に就く。実際には、広範囲にわたる大学事務は楽しめないと発見するケースもある。また、教員の指名や予算（これらは、アカデミアにおける法貨である）をコントロールするプロボストという仕事は、あまりに多くの敵をつくってしまうと知るだろう。

その結果、プロボスト職は平均して4～5年しか持たない。しかし、エッチェメンディはスタンフォード大学のどのプロボストよりも長く、16年以上この職に留まった。何が彼を長続きさせたのか？　ひとつには彼が学長を目指していなかったことがある。それ以上に重要なのは、彼が50億ドルを管理する複雑さをマスターし、それでいて敵の数を最小限に留めるという秀でた仕事を見せたことだ。

我々のパートナーシップは、いろいろな理由でうまくいった。ふたりとも、自分の役割をわきまえて、それを実践した。私は外部担当で、彼は内部担当。私は公に向かって訴えるビジョナリーで、彼は船を操縦した。ジムとのパートナーシップでは、互いに相手の領域に踏み込まないように注意する必要があったが、エッチェメンディと私の間にはほとんど境界がなかった。

多くの状況で、ふたりは交換可能だった。大学のどんなミーティングや集まり、イベントへも彼を代わりに送り込むことに躊躇はなかった。彼が、学長室を私と同様に代表してくれることがわかっていたし、どんな立場であろうとどんなメッセージであろうと、彼は私の意見を正確に反映した。エッチェメンディと私は、互いを完全に信頼していた。[(2)] 複雑な問題が扱え、私が求めるすべてを共有してくれるという両方の点で、彼を頼りにできた。私がスタンフォード大学学長を16年間も務められたのは、エッチェメンディとのパートナーシップによるところが大きい。

偉業を成し遂げるためにコラボレートする

それぞれ学長とプロボストとして就任して間もない頃に、エッチェメンディと私は大きな問題に直面した。1927年に建設されて、ひどく時代遅れになったフットボールスタジアムを建て直さなければならなかったのだ。建設には多大なコストがかかるうえに、ちょうどスタートさせようとしていた大きなアカデミック面での取り組みの資金調達ともかちあう。

どのように建設プロジェクトを進めていいかがわからず、助けが必要だった。そこで、ジョン・アリラガに電話をした。彼は、スタンフォード大学の卒業生でバスケットボールチームのメンバーでもあり、過去長年にわたってスタンフォード大学のスポーツの重要な支援者だった。彼はまた、シリコンバレーの不動産開発業者として大きな成功を収めた人間のひとりで、建物を早くコスト効率よく建てる方法を知っていた。

ジョンは解決策を出してきた。それは、新しいスタジアムのために自ら寄付をし、また寄付金集めを手伝うこと。しかし同時に、彼がスタジアムの最終的なデザインを決定し、建設プロセスを率いるというものだ。通常の状況下なら、ボランティアに重要なアセットに関わるプロジェクトを任せる組織はない。しかも、このプロジェクトは1億ドル以上の規模に上り、スタッフや理事会の数人のメンバーが懸念を示した。

しかし、エッチェメンディと私は、以前からジョンとはいい仕事上の関係を築いてきたこともあり、彼がスタンフォード大学のために正しいことをやってくれると信頼していた。それでも、不安があっただろうか？　もちろんだ。だが、それは当然のリスクだった。こうして我々のコラボレーションがスタートした。

ノートルダム大学との対抗戦が終わった2005年感謝祭後の週末、ブルドーザーがスタジアムに入ってきて、建設が始まった。それから10ヶ月も経たない2006年9月16日に、スタンフォード大学は新しいスタジアムでアメリカ海軍チームとの試合を繰り広げていた。ジョン・アリラガのデザインは、我々が希望していたものを超えており、他大学のスタジアム建設とは違って、プロジェクトは大きな負債なしに終了した。

その後10年、ミスターAとして知られるようになるジョンは、スタンフォード大学のキャンパスで学生寮やフィットネス施設の建設、バスケットボール競技場増築、新設の野外競技場および練習場、事務のための新しいオフィスなど数多くのプロジェクトを手がけた。

私の学長時代を通して、彼はいくつかの大規模プロジェクトに寄付をして、建設を指揮した。寄付者がプロジェクトのデザインや建設に密接に関わるという、この稀なコラボレーションは、大学機関が手がける大規模プロジェクトの典型からは程遠かったものの、スタンフォード大学にとっては確かにうまく進んだ。このパートナーシップは今日も続いている。私が学長を辞した後も、プロボストのエッチェメンディとミスターAは、キャンパス最大の学生寮の建設に寄付をして建設を手がけることに同意した。この学生寮は、ベイエリア地域の家賃高騰下ではどうしても必要だったものだ。

これとは違ったコラボレーションを求めたのは、アンダーソン家である（夫妻はハンクとムー、娘はパターというニックネームで知られる）。これは、スタンフォード大学のアート領域をもっと強化しようとしていた時だ。アンダーソン家は、長年にわたってアメリカの現代アート作品を集め、最も優れたプライベート・コレクションのひとつになっていた。妻の教育によって私もポロック、ロスコ、ディーベンコーン、ガストン、フランシス、ティーボー、デ・クーニング、オリベイラ、マザーウェルといったアーティストの作品を知っていた。

私の前任者たちは、コレクションの一部をスタンフォード大学に寄付してほしいとアンダーソン家に打診していたが、うまくいかなかった。私は、再度打診するタイミングが来たと捉え、今度は新しいチームを組んだ。アンダーソン・コレクションを持ってくることによって、スタンフォード大学のアートコレクションの質は変化し、アートの世界での地位を上げることになる。

こうして、スタンフォード大学のチームがアンダーソン家とコンタクトを取り始めた。一家が人生と一生の収入をかけて集めた作品の価値が何億ドルにも上っていることは知っていた。またそのコレクションを1ヶ所に保管して一堂に展示でき、また丁寧に面倒を見てくれる場所を探していることも知った。

その場所を、スタンフォード大学のキャンパスにつくることはできるだろうか？　新たな建物を建設してそれを保持するコストについては、特にそれを大学の中心の予算から捻出することが必要そうだったため、心配だった。それでも、我々は話しあいを続けた。コレクションが本当にスタンフォード大学に寄付されることが明らかになった時点で、アートの重要性とこのコレクションが加わることが大きな変換の力となることを、大学に近しい多くの友人たちは理解した。

彼らは新しい建物の建設のために寄付をしてくれ、今日のスタンフォード大学アンダーソン・コレクションは、キャンパスのコミュニティや世界からの訪問者が皆、楽しめる場所になっている。

こうしたプロジェクトは、コラボレーションとは単に数人がチームを組んで、うまく化学反応が起こるように望むだけではなく、もっと多くのことが必要であるのを示している。おそらく結婚のように、究極のゴールに向けて妥協や調整を行い、疑いを抱くことがあっても、それを一緒に解決するということだ。

ここに挙げたコラボレーションはいずれも、アカデミア的コラボレーションの典型ではなく、大きな企業を育てたタフな起業家が相手で、普通のアカデミックなコラボレーションでは達成できないことを実現した。通常の関係性の枠の外へ飛び出して考え、真にコラボレートできるチームをつくり、互いの関心をひとつにあわせることによって、並外れたことが達成できたのだ。

私は「理事会」とどのように関わったか

上司とコラボレートする

ここまで語ってきたのは、リーダーがスタッフとのコラボレーションに着手したり、コラボレーションが組織外にまで及んだりしたケースだ。しかし、我々の多くには上司がいるので、上に対してどうコラボレートするのかも学ばなくてはならない。

学部長や学長、プロボストだった頃、私には直属の上司がいた。彼らとうまくコラボレーションしていくのは、自分の役割を果たすために大切なことだった。同じように重要なのは、ゴールをさらに先へ設定するように彼らが私を励ましたり挑戦したりしたことが、私自身がどうすればもっと有能なメンターになれるのかを教えてくれたことだ。

学長になった私には、理事会が正式な上司となった。理事会には30〜35人のメンバーがいて、会長がそれを率いている。任期中、私はアイザック・スタイン、バート・マクマートリー、レスリー・ヒューム、スティーブ・デニングという4人の素晴らしい会長に仕えてきた。彼らは、理事仲間を仕事に熱中させ、同時に理事会のトップとして学長のパートナー役を幅広く務めるという二重の役割を担った。会長は4年の任期中にかなりの時間をこれに費やしたばかりでなく、資金集めや卒業生へのアウトリーチなどさまざまなイベントのために随分出張してくれた。

大学の理事会は、企業の役員会とほぼ同じように機能する（ただし、理事たちは無報酬のボランティアだ）[(3)]。当然、理事会は監視の役割を受託しており、リーダーの行動が組織にとって望ましくない時は介入する。しかし、たいていの場合は、理事会とリーダーシップはコラボレーションの関係を楽しむ。

理事会は、アドバイザーとして自分たちの知識やスキルを使って管理職チームの仕事を強化し、CEOをサポートする。同様に、CEOは理事会に情報を与え――「サプライズはごめんだ」とよく言われたものだ――重要な決定や戦略の方向性について理事を話しあいに引き込み、理事会の視点から知恵を得るのが仕事である。

理事会とのコラボレーションを成功させるには、ふたつの原則がある。自分たちの役割をわきまえて尊重することと、互いに信頼することだ。理事会は、大学を運営するのは自分たちの仕事ではないと理解している。それは、リーダーシップの仕事だからだ。

同じように、リーダーシップは、理事会が学長を指名し評価する究極の責任を持ち、それによって大学の評判を守り（これはリーダーシップとの共同責任である）、機関としての健全な財政を長期的に確保するのを理解している。理事会は、未来の世代の利益のための後見者である。こうした役割を理解することで、我々は信頼という関係を築くことができた。私は理事会に対して重大な決断についてはすべて正直に話し、彼らが耳を傾けてリーダーシップが下した決定を支持してくれると信頼していた。

スタンフォード大学のような非営利組織での理事会は、もうひとつ重要な役割を担っている。それは、フィランソロピーと資金集めの両方の原動力であるということだ。大学が繁栄するように寄付金を与え、集めるのである。ここで理事会と大学全体のリーダーシップがうまくコラボレートすることは、成功を大きく左右する。次の「イノベーション」の章で、アカデミックなリーダーシップと現在および過去の理事会グループとの大きなコラボレーションが、大学の10ヶ年計画の立案と資金集め、その実践をどう可能にしたかを語りたい。

自分の後継者を信頼する

正しくチームリーダーを選び、いつでも手助けしろ

リーダーになると、自分がつくったチームに参加するだけではなく、チームの誰かを代わりに立てることがある。ここにはまた別の挑戦があるのだが、最も重要なのはチームリーダーを選び、その人物が成功するよう手助けすることだ。どうやって正しい人物を選ぶのか？　お互いに良い人間関係が生まれ、尊敬に溢れた生産的なチーム文化をつくり、個々人から最良のパフォーマンスを引き出して、集合的なゴールを達成できるようにするのは誰なのか？

最初は、誰かを代理にすることに落ち着かないものを感じるだろう。あなたがそのポジションに上り詰めたのは、優れたチームリーダーでありチームメンバーであるからだが、その仕事を誰か他人に任せなければならないのだ。その人物がその仕事をうまく引き継ぐとどうしてわかるのか？　優れたスポーツ選手がコーチやマネジャーになると苦しむとよく言われるが、それは自分が見せていたスキルや気力を、目の前の選手のパフォーマンスと比べようとするからだ。

同様に、チームリーダーを探す時、自分と同じレベルの仕事ができそうにないと候補者を却下するかもしれない。その査定が正しい時もあるだろうが、自分の過去をバラ色のレンズを通して見ていることもしばしばだ。今持っているスキルを手にするまでには時間を要し、それまでに何度となくつまずいたことは覚えているだろう。**自分と同じ方法で仕事をする人物を探すのではなく、ポジティブなコラボレーションの経験を持ち、仕事をやり遂げるのに必要なリーダーシップの素質を見せている人物を選ぶように留意しなければならない。**

いったんチームリーダーを選んだのならば、あなたは一歩下がって彼や彼女にその仕事を任せなければならない。もちろん、ここでの危険はそのリーダーの行動をBプラスやAマイナスレベルでしかないと判断し、自分ならばAプラス級の仕事をしただろう、と考えることだ。回避可能な間違いをおかさないように、割って入りたくなることだってあるだろう。チームの機能不全が、あなた以外の周囲の人々――特にチームメンバー――にとって明らかでない限り、そんな誘惑には抵抗しなければならない。チームリーダーも間違いをおかす。間違いによって向上するのだ。覚えていないかもしれないが、あなたもそうやって前進してきたのだ。[(4)]

チームリーダーを、そして自分が下した判断を信頼しよう。あなたが幹部という役割を担うのならば、自分が指名したリーダーの意思決定に介入している余裕はない。そうはいうものの、プロジェクトが軌道から外れているとわかった――あるいは誰かがそう指摘した――場合には、介入が必要だ。

介入とは、場合によって苦悩するリーダーをコーチすることでもある。的確な問いかけをすることによって、チームリーダーの考えるべき課題が明らかになることもある。チームはひとつになっているか？　機会と障害を明確に定義したか？　幅広く支援を得るための計画を立てたか？

私自身も、チームリーダーやチームの中心メンバーが明快なビジョンを持ってはいたものの、広いコミュニティに呼びかけていないという状況に何度か直面した。その努力なしに成功することはできない。正しい人物を選び、正しい問いを投げかけたのならば、チームリーダーはちゃんとメッセージを受け取り、それを実行に移すだろう。

　コーチングでも軌道が修正されない場合は、チームリーダーの交代を検討しなければならない。代わる人物を探し手ほどきする間、自分自身が暫定的にチームリーダーを務める時間はあるか？　もし、その時間や努力が投入できないのならば、リーダーシップを代えることは現状維持以上にチームにとって有害なことにもなりかねない。

　リーダーシップが弱いと見ながらも、新たな企てをスタートさせたことも何度かある。選択の余地がないこともあるのだ。大学がすぐにそれを求めていたり、素早い行動を必要とする機会を目前にしている時だ。そうした状況では可能な限りベストなリーダーを選ぶが、チームはうまく結束しなかったり、プロセスの進行があまりに緩慢だったり、リーダーがチームメンバーの関心ややる気を喚起しそこなったりする。

　リーダーシップを取って代われる優れた人物が見当たらない場合には、苦しい決断が必要になる。それ以上の損失を防いで、次へ進むのだ。そうしたケースでは、企ては部分的には成功したと礼儀正しく終了させ、もっと強いチームをつけた、より意味のあるプロジェクトへとリソースを回す。次のセクションでは、失敗したコラボレーションの扱い方について語ろう。

自分の間違いを認めて他の機会を探す

うまくいかなかったコラボレーションはどうするか？

チームリーダーの選択以外にも、チームのコラボレーションが失敗する理由はさまざまだ。その取り組みを計画したビジョナリーが、組織からサポートを得られなかった、あるいは思ったほどにその理論的根拠が切迫したものではなかったといったケースもあるだろう。最大の努力を注ぎ込んだ企てが不首尾に終わった時にはどうすればいいのか？　ここで忘れてならないのは、謙虚さだ。

このような状況に私が直面したのは、2007年に学部生の規模を拡大しようと提案した時である。全米のトレンドを調べていて、公立私立両方のトップ大学への需要が急に高まっていることがわかったのだ。2007年にスタンフォード大学は1650人の入学定員に対して2万5000人の応募を受けたのだが、これは2000年から50％も増加していた。

それまでの25年間、一部の私立大学の拡大は5％以内にとどまっていたが、その間応募者は倍増している。公立大学は拡大したものの、州政府からの予算が減ったために財政的問題を抱えており、それ以上の学生を受け入れることは不可能と見られた。

学部生のクラスを拡張することは、私にとっては道徳的な使命とも感じられた。スタンフォード大学は成長するためのリソースを持っており、応募者として控える学生たちの質も素晴らしい。したがって、そうした秀でた学生たちに便宜を図ることは我々の責任なのだ。そこで、教員を中心としたタスクフォースを設置した。メンバーは、拡張に賛同し、同時にその検討段階で自らの視点を加えてくれるような人々から選んだ。また、理事会にも説明を始めた。

道徳的使命論は、多くの人の心を動かさなかった。年間の卒業生を数百人増やしたところで、本来の問題の解決にはならない。理事会とタスクフォースのメンバー数人は、別の懸念も表明した。学部生の生活面、特に専門を決める前のアドバイザーと寮のプログラムが十分でないという点だ。拡大する前に、現学部生の経験を「完璧化」するのにリソースを使うべきだという意見だった。

プロボストも私も、それには賛同しなかった。学部生の生活は、すでに非常に良いと思っていたのだ。もっと資金を投入すれば、それが向上するかどうかは不透明で、少なくともコスト効率の面から見るとそうではなかった。

しかし、反対意見は確固としていた。反対派を強硬に突破できただろうか？それは可能だっただろうが、そうすれば信頼関係が崩れ、今後教員からのサポートを必要とするような将来の取り組みにおいて、我々の率いる力を損なってしまうだろう。

最終的には、ちょうどタスクフォースの最終レポートの完成の間近に経済危機が起こり、それが好適な解決策となった。拡張案は、その後5年にわたって凍結された。再び提案した際には反対はなく、拡大とアドバイス、そして寮生活の向上すべての面で寄付者たちを動員することができた。

今から考えると、最初の企てが失敗に終わった一部は私の責任でもある。タスクフォースのメンバーを選び、枠組みを確立して、彼らを仕事に就かせたのはプロボストと私だ。言うまでもなく、拡張案を数年にわたって棚上げしたのは正しいことだった。経済危機のために、誰の顔を潰すことも最小限ですんだ。

ニューヨーク市との交渉のように（第5章「勇気」を参照）、何ら優雅な解決策が見当たらないこともある。前進することに明確なサポートが得られず、重要な関係性や将来の取り組みを損ない、組織の健全さが危ぶまれるような場合には、自分の間違いを認めて他の機会を探す勇気を持たなくてはならないのだ。

「チーム全員が必要な存在だ」としっかり伝える

成功を分かちあう

コラボレーションがうまくいき、ゴールを、あるいはそれ以上のものを達成した場合、チームメンバーはこれで終わりだと思いたくないものだ。しかし、コラボレーションをどう完了するかは、それをどう始めるかと同じくらい重要だ。

成功するチームでは、グループのメンバーは違いを超えて互いにうまく仕事をし、求めたゴールを達成し、より大きな意味で重要な貢献をしているものだ。そんな素質は黄金の価値を持ち、そのままにして、もっと行けるところまで連れて行きたいだろう。またこのメンバーと仕事をしたいと思うだろうし、彼らの輝きを他のチームにももたらしたいと考えるだろう。チームの最も優れたメンバーの何人かは、リーダーシップに昇進させて独自のチームを組ませたいと考えることもあるだろう。これをどう達成できるか？

急速に仕事環境が変わっていく現代では、ただ感謝して成功したチームを突然解散させたり、ひどい場合にはメンバーをひとりずつ、あるいは少人数ごとに引き剝がしたりして、チームが自然にしぼむよう仕向けることもある。だが、人間の文化の優れた教訓は、チームが成功を収めれば、最後はお祝いやセレモニーの場で、各メンバーそれぞれの貢献が認められ、グループ全体で達成したことが大きな文脈で語られ敬意を払われるべきだと示唆している。

こうした祝いをただのお別れパーティーだと無視するのは簡単だが、これは意味ある機会でもあるのだ。チームを監督する立場ならば、このイベントを周到に準備するのは、チームのストーリーへのあなたの一番大切な貢献となる。**リーダーから最も若手のメンバーまで、彼ら全員が大切な存在で、チームが達成したことは価値があると伝えられるからである。**

学長を務めた期間、私と妻はアカデミックや事務系のリーダーシップに対して感謝を表明するものから、大学への大規模な寄付を祝うものまで、自宅で多くのディナーを主催した。最後の年には、16年の任期中に皆の成功に重要な役割を果たしたボランティアやサポーターたちに特別なことをしようと決めた。そこで、我々はかつての理事や、カギとなったボランティアやアドバイザー、そしていくつかの重要なイニシャティブのスタートを手助けしサポートしてくれた人々に、何度か感謝ディナーを開いた。

ディナーは、「あなたは過去16年間スタンフォード大学のために一緒に努力して、重要な貢献をしてくれました。それによってスタンフォード大学は教員にとっても学生にとってもより良い場所になりました。あなたがいなければ、こうはなりませんでした」という感謝を伝える我々なりのやり方である。

こうした場では、皆が見ている前で部屋を一巡し、各人がどう成功を支えてくれたのかを感謝するようにしている。一人ひとりの成し遂げたことが、大学をどう向上させたのかを知ってもらいたいからだ。彼らの努力には意味があり、それを深く感謝していることを聞いてほしいのだ。

このディナーの会は、純粋な感謝の念と共通した善意によって、皆が陽気になり素晴らしいものになった。コラボレーションとは、こうしたことではないだろうか？　ひとりではなれなかったものに、チームでならなれるということではないだろうか？　チームメイトという大切な人々が次に進んでしまう前に、彼らが自分にとってどんな人々であったかを認識しなくてはいけないのではないか。チームである間に、ともに過ごした時間を祝してはどうだろうか？

第

7

章

イノベーション

産業やアカデミアを成功に導くカギ

“成功を収めるには計画だけでは不十分だ。即興も必要なのだ”

アイザック・アシモフ

「生きる」とはイノベーションをし続けるということ

唯一不変なものは変化だ、という古い格言を聞いたことがあるだろう。イノベーションとデジタル改革によって、その変化のスピードは加速している。シリコンバレーでは、過去半世紀にわたってそれを強く体感してきた。今では、世界のどこでも同じことが感じられ、その変化のペースが鈍化する兆しはない。

変化の作用は誰にでもわかるだろうが、変化とは一枚岩ではない。たとえば、ビジネスの世界とアカデミックな世界とでは違っているのだ。私は、スタンフォード大学とテクノロジー業界の両方で仕事をしたことで、その違いをじかに経験した。

起業することから、飛び込みで投資家に新しいアイデアを訴えたり、会社の株式の公開を手伝ったり、テクノロジー業界全体を動かすようないくつかの企業の役員を務めたり、エンジェル投資家としてスタートアップを支援したり、大学の教員として日々の仕事をこなしたり、数千人の教員と数万人の学生、そして年間予算が数十億ドル（大学と傘下の病院の総収入をあわせるとフォーチュン500に入る）で数百億ドルの基金（資産の総額はコストコにも匹敵する）を持つ大学の運営に携わったりと、私はキャリアを通して幅広い体験をしてきた。

アカデミアでも産業界でも、イノベーションやイノベーションによる変化が大きな役割を果たすが、ふたつの世界は非常に異なった方法で動いている。その違いを見極め損ねるのは危険だ。大学のように企業を経営すると、破滅の危機にさらされるだろう。企業のように大学を運営すれば、教員の抵抗に遭うだろう。それでも、生存のためにはいずれの組織もイノベートしなければならないのだ。

産業界ではなくスタンフォード大学だからできたこと

イノベートすることの自由

アカデミアと産業界の違いの多くは、時間軸の取り方とリスクへの挑戦にある。大学での経験から見ると、ここではより純粋に好奇心とセレンディピティに動かされた「斬新な」イノベーションを目にする。なぜか？　通常、アカデミアには締め切りがなく、競合を打ち負かそうと市場に突進する必要がなく、そうしなくても企業のように消滅することはない。

実際のところ、アカデミアでは完全なソリューションを設計し製造しようとはしていない。そこで起こっているのは、その分野を前進させようとしたり、新しいアイデアを証明しようとしたりすることだ。だからこそ好奇心にしたがい、セレンディピティが起こるのを待つ余裕すらある。

次の四半期の業績や来年の新製品発表に振り回されることがないので、アカデミアにおける時間は世界をも変えるような基礎研究に照準があわされている。未来へ革命的な貢献をすることの方が、現状に漸進的な改良をもたらすよりも価値があるとされるのが本当のところだ。

30年前にスタンフォード大学でMIPSプロジェクトをスタートさせた時、半導体やムーアの法則によって新たなミニチュア化の時代が到来したことや、多くの機会が目前に開けていることが、我々にはわかっていた。

インテルもモトローラも、しっかりとしたミニコンピュータのアーキテクチャーのデザインを1~2個のチップにまで縮めることが可能なことを見せていた。この新しいチップ――マイクロプロセッサである――は、すでにテクノロジーの世界を変えつつあった。

スタンフォード大学の我々は、マイクロプロセッサは確かに革命的ではあるものの、当初のバージョンは不自然なソリューションだと見ていた。インテルもモトローラも市場化を急ぐあまり――インテルの場合は、日本の提携会社との契約に急かされていた――ここまで来るのに多くの妥協を許していた。対照的に、我々はそんな妥協をしたり互換性を心配したりする必要がなく、ほぼ白紙から作業を始めることができる。これは、大学の研究室で仕事をする特権のひとつだ。たとえば、ミニコンピュータやミニフレームが設計されている方法がマイクロプロセッサにはふさわしくなければどうだろうか、といったような広大な問いを投げかけられる贅沢な環境があったのだ。

この研究の成果が、ＭＩＰＳのＲＩＳＣコンピュータ・アーキテクチャーである。後にこれは、コンピュータやコンピュータゲーム機器業界に多大な影響を与えるものとなる。実際のところ、もしあなたが25歳以上ならば、必ずやＭＩＰＳベースのチップを内蔵したデバイスを使ったことがあるはずだ。

産業界でＭＩＰＳのようなものがつくれただろうか？　いずれはできただろう。しかし、スタンフォード大学ではより革新的で完全なソリューションをゼロから手がけることができ、それがこの設計が広く受容されたことの主な理由だ。

言うまでもないが、自分の思うままにやるという方法では、ＭＩＰＳの設計が全くの失敗に終わったり、現実世界ではあまりに実用的でないものになったりする可能性も高めただろう。産業界では多くのエンジニアが、スタンフォード大学のプロトタイプは「本当のコンピュータ」に使えるようにスケールアップしないと考えていた。しかし、ここにポイントがある。

大学では、こうしたリスクを取って知識を根本的に前進させる方法を証明し、そのリスクに対してさほどの否定的側面もなしに報いを受ける。反対に、ちょっとした改良を行うような研究はほとんど注目を浴びないのだ。

スタートアップは「偉大な発見」から始まる

イノベーションが持つ性質とは？

次のような会話を何度学生としたかわからない。学生がやってきて「起業したいんです」と言う。私は、どんなテクノロジーなのかと問う。学生の答えは、「いや、まだそれはわからないんです。でもスタートアップをやりたいんです!」。

私がここで学生に気づかせるのは、偉大なスタートアップは偉大なテクノロジーの発見（あるいは少なくともイーベイやエアビーアンドビー、ウーバーのように、これまでなかった応用方法）から始まるということだ。**イノベーションが賢い起業家に大きな機会を提供するのであって、その逆ではない。**

大学の研究環境は、イノベーションを起こすための大きな自由があるが、それは多くの現実問題から隔離されていることが主たる理由だ。ビッグバン後の数ミリ秒の間に何が起こったか、といったような広大なミステリーを探求する研究分野は無数にある。こうした疑問は強烈で、研究プロジェクトのいくつかはともかく興味深いものだが、他方、重要な発見や現実的な応用につながる研究プロジェクトもある。ただ、それがどれかをあらかじめ予測するのは難しい。実際には、知識の現状を大きく前進させたり、即座に新しい製品や新しい会社の誕生に結びついたりするものは、こうした研究機会のほんの一握りでしかない。

一方で、ビジネス界で期待されることはかなり違っている。市場で与えられるオプションの幅は狭く、失敗のコストはもっと大きい。ちょっとした改良を可能にする発明によって報いを受けることもあるだろうが、その進歩が売り物にならなければ報いはない。この世界では、人々が欲しがるものをつくるのがイノベーションなのだ。たとえ、何が欲しいのかがまだわからなくても、だ。

スティーブ・ジョブズの確たる哲学のひとつが「何が欲しいのかを顧客には尋ねない、なぜなら未来を発明するのは彼らの仕事ではないから」であった。未来を考えるのは、彼自身の仕事だったのだ。そのアプローチはアイフォーンに具現化されている。手に取ってみるまで、どれほどスマートフォンを必要としていたかを知る人はいなかっただろう。それまでも携帯電話や携帯端末は存在していて、その両方を持っている人もたくさんいた。ジョブズはそれらをひとつの端末にし、突然人々はアイフォーンなしには生きられなくなったのだ。

これがイノベーションの特徴だ。私は幸運なことに、ヤフーやグーグルの最初のデモを目にした。いずれも真の「そうか！」という瞬間だった。ヤフーでは、ワールド・ワイド・ウェブが科学者やテクノロジストのコミュニケーションに使われるだけではなく、我々の生活を変えようとしていることがわかったし、グーグルでは、市場にあるどれよりも優れたアルゴリズムを備えた格段に改良された検索エンジンであることがわかった。

これらは成功する製品でありサービスだ。つまり、手にするまでそれが必要だということがわからないものだ。今や、それなしでは生活できなくなっている。

アカデミアと産業界は互いを必要としている

イノベーションにおけるパートナーの存在

アカデミアとビジネスの共生関係における真のパワーは、アイデアと実装のインターフェースにある。大学院生や教員は探求する自由に恵まれているので、画期的に新しいコンセプトやセレンディピティのもたらすアイデアは大学から生まれる。

ただ、こうしたアイデアは、誰かが現実世界で利益を生むような応用方法を見出すまでは、放って置かれるのだ。そのアイデアを、インターフェースを超えて人のためになるような現実的な製品やプロダクトにまで持っていくのは、ベンチャー・キャピタリストや政府機関、野心的な起業家の役割だ。

グーグルはその完璧な例だ。グーグル以前に、既存のものよりはずっと優れたアルタビスタという検索エンジンがあった。セルゲイ・ブリンとラリー・ペイジのふたりのスタンフォード大学の学生が、彼らの若い目でアルタビスタを見て、そこに機会を発見した。

新しいアルゴリズムと正しい検索結果を表示させたいというほぼ執着とも言えるものによって、ふたりは大幅に改良されたソリューションを生み出した。彼らの努力に加わったグーグルCEOのエリック・シュミットは、ユーザーの信頼を得ることの重要性を理解しており、それがグーグルを他の検索エンジンとは一線を画した存在にしたのだ。

特にグーグルは、広告主の関心ではなくユーザーの関心が検索結果を左右する方法を選んだ。それは、検索結果によって表示される広告を選ぶ仕組みで、その逆ではない。この透明性と信頼性は、有名なグーグルのホームページにも反映されている。ホームページは、広告に使うこともできただろうが、ただ検索のキーワードを入力するためのボックスがあるだけだ。より優れた検索アルゴリズムに加えて、こうした決定が検索市場でのグーグルのシェアを高めている。

もとになったイノベーションはアカデミアの環境で発芽したが、ビジネス史上大きな成功を収めているこうした会社のリーダーシップが下した決定は、アカデミアの中からは出てこなかっただろう。

単純に表現すると、発見や新しいテクノロジーを市場に移行させるのに必要な専門知識は、アカデミックな研究の範囲を超えているのだが、ふたつの意味で製品の成功には不可欠なものだ。ひとつは、実際にやってみない限り、発見を市場に移行させる際に出てくる問題は理解できないということ。もうひとつは、そのプロセスで我々が行う選択――複雑なトレードオフや決断――は、当初の発見と同じくらい結果に影響を及ぼすということだ。つまり、アカデミアと産業界は互いを必要としているのだ。

スタンフォード大学が起業家の中心地である理由

どう「相乗作用」を起こし、どう「研究成果」を移転させるか

理想的な世界ならば、産業界とアカデミアは違いを認識し、お互いを補完するように動くだろう。しかし、現実的にはギャップを橋わたしするのは難しい。大学は、どの研究成果が本当に商業的な注目を集めるのかを見定めることから、プロセスを摩擦なしに進めることまで、技術移転では苦労する。ここで大学は矛盾を感じるのである。技術移転はその役割の重要な一部である一方で、大きな収入源としても見ている。だからこそ、ますます増える大学ベースのベンチャーファンドや起業家のインキュベーション、研究の商用化の取り組みなどが、一方では起業家を手助けしながら、他方で大学のために株を確保しようと動く。金に駆り立てられた大学が、ライセンス供与した特許は大学の所有物だと企業を訴えたケースもいくつかある。

企業は企業で、難しい立場に置かれている。多くの産業が、基礎研究はリターンがあてにならず長期的すぎると、そこへの投資を止めている。また大企業は、

身軽な競合スタートアップが周りで奔走するのを横目で見ながら、自身はイノベーションを起こせないことにますます欲求不満を抱えるようになっている。

その結果起こっている――おそらく経済的には必然だろう――のは、ふたつの世界がオーバーラップすることだ。皮肉なことに、ふたつの文化はだいたいにおいて相いれない。大学のような研究ラボをつくろうとする企業は、研究者たちがはっきりとした目標を持たないことにすぐにイライラするだろう。会社側は何か収益を上げるものを生み出せと、間もなく研究者らに迫るようになる。また、大学は、商業的に通用するものを生み出せと研究者たちに圧力をかけすぎると、すぐに画期的な新発見を含む結果が出せなくなってしまうことを知るだろう。

大学学長時代、私はふたつのバランスを取ろうとした。研究はオープンで公のためになるものとして保ち――そこから財政的なリターンがある場合は――、大学はそのリターンの正当な分け前を取るが、将来の研究にそのリソースを生かすという目的を確実に遂行するのだ。シリコンバレーでの経験を備えたアカデミアの人間であるという私の経歴が、そうした決定を下させたのかもしれない。他人のことはわからないが、私がどうしたかは語っておこう。

私は、シリコンバレーでの経験をもとに、スタンフォード大学の役割は最初の発見や発明を育み、そして起業家としてどう成功するかを学生に教えることだという結論に達した。大学の周りに豊かなリソース——法律的な支援からエンジェル投資家、ベンチャーキャピタルまで——があるので、少なくとも情報テクノロジーの分野において、スタンフォード大学がインキュベーションやそれに類した積極的な技術移転介入を行うなど、そこに付加できることは多くない（バイオテックの分野では、資金調達が困難で、専門的で高価な研究施設が必要なため、その機会はあるかもしれない）。

それでも、教員や学生が起業家になるのを制限したり、大学からＩＰをライセンスするのを財政的、あるいはお役所的な手続きによって面倒にしたりするなど、大学が新しいベンチャーの誕生を阻む方法はいくらでもある。多くの大学がインキュベーターに多額の資金を投入しながら、スタートアップに関わるのを制限したり、スタートアップから過剰なロイヤリティや株を引き出したりするのには驚くばかりだ。

スタンフォード大学は古くに確立された立場にならって、大学の役割とは新しいアイデアを支援し、技術移転の目的はまさに技術を移転することであって、創業チームからできる限りの血を吸い上げようとすることではないと決めている。

さらに、私自身は、大学の研究は少なくとも一部は政府の補助金を受けているので、もし大学から人々の生活に役立つような発明が出たなら、それを人々が使えるようなところへ持っていく責任があると信じている。これは、財政的な動機とは別の道徳的な使命である。そうした使命もあるのではないだろうか。

さて、この道徳的立場をとることには、現実的な特典もあったことを認めなければならない。いつも学生や教員が商業的、あるいは起業面で夢を追求するのを許してきたので、今やスタンフォード大学はスタートアップと同意になり、大学発の起業家の中心地になったのだ。その成功がさらなる成功を生んでいるが、それは我々が意識的に障害を取り除いているからである。

どうやってイノベーションへと導くか？

「周到な計画」はセレンディピティを阻害する

継続的にイノベーションが起こる環境は、どうつくり出すのか？　これは、産業界から教育、政府まで、我々の社会のあらゆるセクターのあらゆるリーダーが問い続けなければならない重要な問いだ。

私の考えでは、イノベーティブな環境は素晴らしい人々から始まる。リスクを取り、ラディカルに新しいことをするクリエイティブな思想からだ。そうした人々を見つけた後、リーダーとしてのあなたの仕事は彼らの邪魔をしないことである。偉大な企業や大学はイノベーションの土壌となるが、そのためにはクリエイティブな思想家らに次の機会がどこにあるのかを自分で決めさせなければならないのだ。

リーダーシップ・チームはゲノミクスや機械学習、新しいエネルギー技術など、研究機会が明らかにあり、大きな社会的恩恵をもたらすような戦略的に重要な分野を見出し、それに優先順位をつけることもあるだろう。しかし、戦略的に焦点をあわせる研究と言っても、それは軽いタッチで臨むべきである。

詳細に記述されたロードマップを与えるようなことはやってはならない。そんなことをしてしまうと、セレンディピティや発見は起こらない。結局、その分野の専門家はあなたではなく、彼らなのだ。

もちろん、コントロールしたいという欲望は自然なものだろう。結局のところ、新たな投資には成功してもらいたいし、大きなブレイクスルーが起こってほしい。しかし、それを管理しようと出しゃばると、おそらくイノベーションを押し殺してしまうことになるだろう。あなたがどんなに頭が良くても、ともに仕事をしている人々は、少なくとも彼らの専門分野においてはあなたよりも頭がいいのだ。

一人ひとりはそうでなくても、10人が一緒に仕事をしていればそうであることは間違いない。こうした考え方は、ラリー・ペイジとセルゲイ・ブリンが創業者のレターの中で示した20%の時間の使い方にも表れている。「自分の日常のプロジェクトに加えて、社員は20%の時間を最もグーグルのためになると思われるプロジェクトに費やすことを奨励する。これによって彼らはもっとクリエイティブでイノベーティブになるだろう」

社員の時間の20%をクリエイティビティに向けるというのは、特に社員が何万人にも上り、その多くがテクノロジー関連の職務でないことを考えると、時間とリソースのひどい無駄遣いにも見える。しかし、これこそテクノロジー産業の大きなチャレンジのひとつに取り組もうとする試みでもある。そのチャレンジとはつまり、会社がどんどん大きくなり成功を収めても、どうイノベーティブさを保つのか、だ。

多くの組織は、生まれたばかりの時はイノベーティブなものだ。イノベーションは、結局彼らの存在理由である。しかし、たいてい株式を公開するとか一定のサイズになるなどある時点に来ると、リーダーシップは資産を守り、既存の製品を市場にさらに深く浸透させ、投資家に短期的な利益をもたらすことに躍起になり始める。そこに到達すると、企業——シリコンバレーのようにダイナミックな土地柄であっても――は、イノベーティブさに欠ける道を歩むのを選ぶことがよくある。たとえその短期的な要請が、長期的には停滞や衰退を招くことがあっても、だ。

こうした位置にあるリーダーにも取れる手段はあるのだが、たいていそれはリスキーで骨が折れるため試そうとする企業はほとんどない。それよりも、短期的な投資利益率を向上させて、すぐに上昇した株価と利益から報酬を得て（そもそも、リーダーはこのために雇われている）、競合性がなくなるとか衰退するという問題は後継者に任せればいい、と考えるのだ。

これとは違った道のりを選んだのは、スティーブ・ジョブズだった。彼はアップルをどんどんイノベーティブにしたのだが、彼には最初からいわば「利点」があった。まず、アップル・コンピュータはジョブズがリーダーシップに舞い戻ってきた21世紀の変わり目に、深刻な状況にあった。ぱっとしないイノベーションを何年も続けた挙句、すでに減退に向かっていたため、株主も顧客もリスクを取ることにオープンだったのだ。さらに、スティーブ・ジョブズは長年にわたって熱心なイノベーターであるという印象を打ち立ててきたので、社員や投資家、顧客たちは同じことがまた起こるのだろうと考えていた。

最後に、彼は戻ったその日から、ここがただ製品のイノベーションを起こすだけではなく、カテゴリーのイノベーション――特に大企業の歴史においては、前例のないレベルと言えるクリエーション――を起こす会社だということに対して準備させ、世界を教育し始めたのだ。それでも彼の復帰から、世界を一変させた初代のアイフォーン誕生までは10年を要したのである。

他の企業のCEOも、ジョブズという前例にならえるだろうか？　多分無理だ。スティーブは例外的な人物だった。とはいえ、彼の成功のレシピを借りて、社内でイノベーションを推進し、それに褒美を与え、関係者に心づもりするよう教育するキャンペーンをスタートさせることはできる。何よりも、社内の上級管理職や役員会に現状維持だけでは十分ではないと納得させる必要がある。

当然、イノベーションを戦略として採用することは、失敗に遭い、それを克服することを意味する。スティーブ・ジョブズにとっての失敗はリサで、成功はマックであり、ネクストはパソコンとしては決して成功ではない。

私自身、MIPSを企業向けに仕立てることで深刻な停滞を体験し、またスタンフォード大学のキャンパスをニューヨークにつくることやチャータースクールを拡張することなどは計画通りにいかなかった。イノベーションを受け入れるとは、失敗を受け入れ、そこから回復することだ。できるだけ失敗を回避し、失敗した場合には素早く立ち直ることが挑戦となる。

重要な洞察は「アウトサイダー」から得られる

戦略によるイノベーション

ここまでは、単一のプロジェクトやイニシャティブに関連するイノベーションやコラボレーションについて述べてきた。それでは、どうすればイノベーションを組織の戦略に盛り込んで、新たな活動をもたらし組織を一新することに向けられるだろうか？

ビジネスの世界では、全く新しい製品ラインが開発された時にこうした転換が起こる。IBM360、アップルのマック、グーグルのユーチューブが好例だ。大学においては、戦略という継続性の一部として行われ、そのための寄付金集めのキャンペーンを伴うことが多い。スタンフォード大学では「スタンフォード・チャレンジ」という形をとって、寄付金を目標額まで集め、スタンフォード大学を前へ押し出す数年計画という成果品によって若返りが起こる。

前章では、成功を収めるチームは若いメンバーと経験を積んだメンバー両方のアイデアと判断力を等しく尊重すると述べたが、そうした包括性は別の方向にも延びている。それは、チームメンバーの知識、経験、パーソナリティーの多様性である。特に、もともと学際的な戦略を考えているのならば、なおさらのことである。

ある意味では、学際的な多様性にはより扱いにくいものがある。少なくとも現案件の分野出身であるという若いチームメンバーの意見に耳を傾けることと、場合によっては目前の課題とはほとんど共通点のない他領域を専門にするメンバーの見識を認めることは、同じではない。**それでも、これまで私が最も重要だと感じた洞察は、「アウトサイダー」の目を持つ人々から得られたものだった。**

どんなことか説明しよう。

2002年、我々は後に「スタンフォード・チャレンジ」となるものの枠組みについて議論を始めた。これは、今後大学の二十数年にわたる物語を形づくるような開発および戦略のことである。それまでの50年間のスタンフォード大学の歴史は、世界のどことも比べものにならないものだった。トップ20からよく落ちこぼれる大学から、常にトップ5にランクされるような存在へと跳躍したのだ。これと同様の、いやそれを超えるようなことをどう達成できるのか?

最初に問わなければならないのは、どのようにしてそれが起こったかである。ただの偶然ではない。何かがその変革を起こしたのだ。それは何だったのか?

ロースクールの学院長だったキャスリーン・サリバンが回答をくれた。「素晴らしい一連の投資がありました」と彼女は説明した。

「工学や科学を拡大し、サンフランシスコにあった医学部をキャンパス内に移動させ、生命科学の基本研究を拡張しました。当時は世界最大規模の原子クラッシャーであるスタンフォード大学線形加速器を建設し、ここからノーベル賞受賞者を何人も出しました。これらはすべて思い切った戦略的な賭けでしたが、結果的に大学の未来を書き換えたのです」

ロースクールのトップからこんなことを聞くとは、誰が想像できただろう。しかし、スタンフォード大学が科学に投資していることに対するアウトサイダーの目と彼女の雄弁さによって、サリバン学院長は誰もがすぐに理解できる方法で状況を知覚し、明確化したのだ。

サリバン学院長の言葉は目を開かせてくれたばかりではなく、チャレンジを新しい方法で捉えることを示唆してくれた。**先輩たちは大きな賭けをしたのだと認識することで、我々も大きく考える自由を手にする。**

戦略概要をもっと野心に満ちたものに書き直し、大学の各所で委員会を組織し始めた。もちろん、最初のタスクはこうした委員会の優れたリーダーを探すことである。大学が繁栄するための新たな方向性を開拓し、同時に無目的にさまようのではなく、確実に計画を生み出してくれるリーダーだ。

すべてにおいて学際的でコラボレーションにあふれた研究や授業を目標としているが、委員会には特にポテンシャルのある分野に焦点をあわせ計画を策定してもらう必要があった。そのため、環境とサステイナビリティ、生命医療と健康、国際関係とセキュリティおよび開発の分野における機会を探求する委員会をつくった。スタンフォード大学はこの各分野で優れたリーダーを抱えており、彼らがより大きな企ての基礎をつくってくれる。

こうした領域が特定された後、プロボストと私はそれを超えて、あまり関係があるようには見えない分野も盛り込むことを検討し始めた。教員の計画委員会から取り残されていた分野のひとつはアートだ。長い歴史を持つ東海岸の大学と比べて、スタンフォード大学はアート領域ではそれほど強くない。質のいいパフォーマンス空間もなく、美術館も比べものにならず、学部におけるアートの実践の要素も小さかった。世界クラスのドキュメンタリー映画やクリエイティブ・ライティングのプログラムがあることは幸運で、これらを基礎にすることができるはずだった。

個人的にプロボストも私も、クリエイティブ・ライティングやビジュアルアートをバックグラウンドとする配偶者によってアートを尊重するよう影響を受けていた。しかし、アートのイニシャティブについて各学部長たちはどう思うだろうか。彼らをどう説得すべきか？

この時ヒントをくれたのは、ビジネススクールの学院長であるボブ・ジョスだ。彼は「アートは偉大なる教育と切っても切り離せないもので、ＭＢＡの院生の生活の重要な一部分です」と言って、我々を驚かせた。他はともかく、そんなことがビジネススクールの学長の口から聞けると誰が想像しただろう？　大学コミュニティ全体を通じたアートの役割を捉えたその洞察によって、我々は大規模なアートの取り組みをスタートさせることになった。

サリバン学院長やジョス学院長の貢献は、我々だけでなく他の人々にとっても重要な手本を提示する。目を見開いて自分の頭から飛び出しなさい、と彼らは言ってくれたのだ。自分の得意分野だけを擁護するのではなく、大学全体や未来の世代の学生たちが何を求めているかに思いを馳せるのだ。

このように学際的にコラボレーションするということを明快に伝えるために、スタンフォード・チャレンジのキックオフイベントでは、学部長たちが皆自分の学部だけではなく、取り組みが総合的で学際的であるという意味を込めてスピーチをしてくれた。

戦略をつくり上げる

アカデミックな計画グループと学部長たちが戦略について一丸になると、今度は外部へ向けたビジョンを考え、それを伝えることが始まった。現職大学理事や前任者たちのグループが招集され、このプロセスを通じて大学のリーダーシップを監督し、アドバイスを与えることになった。

このグループは、企業の取締役会が長期計画を検討するのと同じように、将来の見通しを与え、厳しい質問を投げかけ、方向性を明確にする。この作業は、ディアバレーで行った週末ワークショップで完成した。

ここで、我々は世界が直面する最大の問題に焦点をあわせた学際的な研究と、そうした解決策を実行できる未来の世界のリーダーを教育するという、ふたつのコアテーマを選び出した。アートでの取り組みは、クリエイティビティを育成し、不確かな状況にも対処でき、文化を超えた理解を持つリーダーの教育において重要な部分となる。

次にこのグループは、アメリカとヨーロッパの十数都市で開催された23回の寄付金集めキャンペーンに関する話しあいに参加した。このプロセスによって、内容やハイレベルなビジョンがより洗練されていった。アメリカでの議論から出てきた興味深い成果のひとつが、K-12を対象とした教育面での取り組みの追加である。卒業生の多くが世界に目を向けることを勧めながらも、アメリカ国内の最大の社会問題に取り組むよう促したからだ。

不運なことに、K-12イニシャティブは長期的なアカデミック計画のプロセスに加わることができなかった。そのため、広く各学部が参加するような関わりをもたらすことができず、いくつかの重要な貢献はあったものの、他の取り組みのような長期的な成功を手にすることはできなかった。

ここで私が得た教訓は、大きな取り組みでは構想プロセスを急かすことはできないということだ。その必要性は明らかでも、全学を通じたコンセンサスと幅広いリーダーシップの構築には時間がかかるのだ。

こうして、内部から広く支持され、理事グループによって洗練され、理事会や幅広いアドバイザーからサポートを受けるような計画がつくられた。それを公表する時が満ちた。どんな戦略も、いずれは関係者のもとへ届けられなければならない。それは、企業ならば顧客であり、非営利組織ならば卒業生や寄付者たちだ。彼らはこの計画を、イノベーティブで野心的で引き込まれるようなものと見るだろうか?

スタンフォード大学の未来へのビジョンを伝えるために、アメリカ、ヨーロッパ、アジアの19都市を3年かけて回り、十数人の教員によるセミナーを100回以上開催し、1万人以上の卒業生が参加した。

こうしたアウトリーチ・イベントで、ある有名な卒業生のひとりと話したのを覚えている。彼は、スタンフォード大学で過ごした年月がどれだけ自分にとって重要で、それを大切にしてきたかを語ったが、その日聞いたことは、これまでにないほどスタンフォード関係者であることの誇りを感じさせるものだったという。ミッションは、こうして達成されたのだ。

第8章

知的好奇心

生涯学習者となることは、なぜ重要か

“大切なのは疑問を持ち続けること、好奇心という神聖なものを失わないでいることだ”

アルバート・アインシュタイン

「重要なポジション」にあっても学びを止めてはいけない

優れたリーダーでいるために必要なこと

ホワイトハウスの大統領執務室に近い人々が言うには、いったん大統領に選出されると、学びはそこで終わる。大統領としての任務は実に過酷で、また隔離されているため、新しいことを学ぶのはほぼ不可能となる。

ユニークなそのポジションを考えると、それは事実かもしれない。これは、大きな組織をリードする立場にある人間ならば共通することと思われるだろう。実際、そう見える企業のCEOや何人かの大学学長すらいる。

しかし、私はその考えには乗らない。

トップの地位にあっても、自分の役割や専門領域に直接関係のある事柄と同時に、一般的な関心事は学ぶことができる——いや、学ぶべきだ——と私は思う。それが、全方向的でより良い知識を持つ人間にしてくれるのだ。

もちろん、いったんリーダーシップのポジションを引き受けると、特定分野の知識をマスターするような時間はなくなるだろう。物知りのアマチュアになるのがせいぜいだ。リーダーになる前、ひとつの領域を何年もの訓練を経て習得してきたのなら、このアマチュア性には欲求不満を感じることだろう。

だが、自分の状況を受け入れるしかない。あなたの仕事は今やリーダーシップだ。リーダーとしてのスキルを強化する勉強を別にすれば、焦点をあわせるべきなのは幹細胞、人工知能、神経科学など、自分の組織の成長エリアであり、組織にインパクトを与えるような急速に進歩中の新領域の知識を得ることなのである。そうした時に目指すべきなのは、その領域の専門家に知的な質問ができること、それが世界観や組織観をどう変えるかを理解することである。

これは大学と産業の両方に通用する。たとえば、私はアルファベット（グーグルの親会社）の役員を務めている。人工知能や機械学習革命を目の前にし――そしてグーグルやスタンフォード大学の同僚たちにいろいろ質問することで、――これから起こるのは不連続性であり、このテクノロジーで大きな躍進を目にするだろうと期待できるようになった。

アルファ碁が、碁の世界チャンピオンであるイ・セドルを打ち負かしたことで、それを確心した。私自身は人工知能テクノロジーの専門家ではないものの、多少の知識があり、いくつか重要な問いを発し、他の人々の質問にも耳を傾けることで、人工知能を前面に置こうという戦略の役員レベルでの議論に貢献し、グーグルが人工知能に焦点をあわせて多大な投資を行うことを承認した。

大学の環境では、新しいテクノロジーを学ぶことで、どこに大きな投資を行うかを堅固な知識に基づいて決定できる。たとえば、私の同僚のひとりが光遺伝学という技術を発明した。これは、脳神経の状態を検知し変化させるのに光学を利用するものだ。この果敢なテクノロジーを目にした時、これは神経科学の研究方法を変え、将来的に脳のさまざまな病気を治療することにつながるだろうと直感した。

このテクノロジーについて知りたかったのは、そもそも私が生来好奇心のある人間だということもあるが、光遺伝学に多少知識がありプロボストと私はこの分野に大きな投資を行いたいと考えていたからだ。そこにある偉大な潜在的価値を見定めるのに専門家になる必要はなく――明らかにその時間もなかった――、ただいくつか質問をすれば、その後は私が普通の言葉で、原始的な藻類の遺伝子をうまく利用するといったこのテクノロジーの仕組みと、それがなぜ重要な開発なのかを説明することができた。

この手の折衷主義は、企業の重役ならあるに越したことはないという程度のものだが、大学の学長には絶対的に必要なものだ。1日の仕事を見ても、大学のリフォームを担当する同僚と議論して、そこに関連した事柄は何かを理解しなくてはならない。その後、コーポレート・ガバナンスの担当者と打ちあわせをするわけだが、その際には報酬や役員会の構成についての知識が必要となる。

その次のミーティングの相手は医学部の研究者で、話題はがんの新しい免疫治療だ。さらに工学部の研究者らと会って、バッテリー・テクノロジーの分野でどんなことが起こっているのかを話してもらう。それぞれの機会で要を得た質問ができ、この発展が大学へどんなインパクトを与えるのかを査定するのに必要な業界用語を知っていることが求められる。

明らかに、優れたリーダーでいるためには、絶え間なく学び続けなければならないのだ。

私は母が誇りに思えるような人生を歩もうとしてきた

読書はギフトである

私はいつもそれなりの知的好奇心を持ってきたと思う。子どもの頃は、何時間も百科事典を読みふけっていた。1950年代の少年期、航空宇宙工学のエンジニアである父はよく夜勤をしていた。そんな夜には、母親が子どもたちに本を読み聞かせてくれ、何年かかけてフランク・ボームの『オズの魔法使い』シリーズをほぼ読破した。母の読書好きは私への偉大な贈り物だったが、その当時はそれがわからなかった。

10年後、大学へ入学した時、寮の同級生はほぼ全員がイベントやパーティー、そして数々の突飛な行動など、新入生らしい時間を満喫しているらしかったが、私はあまり関心がなかった。自分の知的好奇心を満たすことに、ひどく集中していたのだ。

したがって、友だちをたくさんつくることはなかった一方で、初学期の成績は良かったので、次の春学期には超過授業を取らせてほしいと学長を説得した。その数週間後、母が毎月送ってくれる小包が届いたが、いつものような手紙が入っておらず、代わりに短かいメモに「視覚に支障があるけれども心配はない、また手紙を書きます」とあった。1ヶ月後、母ががんで余命いくばくもないのですぐ帰宅するようにと父から電話があった。夕方、駅まで父が迎えに来てくれ、母はおそらくあと数日の命だと言った。そしてその夜、我々が話をしていると病院からの電話で母が死んだことを告げられた。6人の子どもを含めた我が家は、悲しみに打ちひしがれた。

1週間ほどで私は学校に戻ったが、集中することができなかった。勉強にも興味が湧かず、精神的に支えてくれる人もいなかった。その学期の成績は芳しくなく、6月に帰省するのが嬉しかった。

この悲劇を、私と家族はどう生き抜いたのか。思慮深く、忍耐強く、心優しい母方の祖母が自分の生活をなげうって、その後数年間行ったり来たりして我々と一緒に暮らし、幼い兄弟たちの世話を中心になって見てくれたのだ。私としては、家族や友人たちと過ごすことで自分のバランスを取り戻すことができた。母はいなくなってしまったが、彼女がどれほどたくさんのものを私に与えてくれたのか——読書への愛、世界をもっと知りたいという欲望——や、これからの道を歩むのにその贈り物を使えることを知った。それ以来母は深いところで私と歩みをともにしており、私は母が誇りに思えるような人生を歩もうとしてきた。

優れたリーダーは失敗を成功に転換させるために戦う

他者の体験から学ぶこと

学ぶことで人生はより面白くなるので、私は今でも貪欲に読書を続けている。ウォルター・アイザックソンはレオナルド・ダ・ヴィンチの伝記の中で、ダ・ヴィンチが好奇心の赴くままに7200ページものメモをノートに残していたと書いている。これは、知識を探求し可能性を求めることに喜びを感じていた人物の、明らかなしるしだ。

私も同じように飽きることのない学びへの欲望を持っていると思うが、生涯を通じたこの好奇心は、自分自身の喜びを超えてキャリアの上でも役立った。世界と未来について、意味ある対話に関わることを可能にしてくれたからだ。

私の仕事が、比較的均一な組織である工学部から大学全体という非常に混成的な範囲に及ぶようになった頃、私が突然思い知ったのは、どれほど自分が無知かということだった。スタンフォード大学にはおよそ100におよぶ学部とプログラムがあり、その中には私が学部レベルほどにも理解していない分野も多くあった。すぐに私は読書量を2倍にし、重要に見えるが自分がほとんど知識を持たない数分野を探求した。科学者の私にとって、人文科学の核心について学ぶのは最大の挑戦だった。四十数年連れ添った妻はアーティスト家庭出身であり、自身もアーティストで、ビジュアルアートについて教えてくれた。また、私のフィクション好きがいくらか伝統的な文学への入り口を与えてくれたが、それでもやることはまだあった。

『New York Review of Books』という、文学や歴史分野における重要な書籍を扱う批評雑誌も読み始めた。そこで取り上げられる本は、私がいつも読んでいるものよりも学術的だったが、目前に広がるタスクに備えるためには価値あるものだということがわかった。

しかし、最も重要だったのは、リーダーシップという新しい役割に読書の焦点をあわせたことだった。私は長くリンカーンから多くを学んできたが、さらに視野を広げて、テディ・ルーズベルトやリンドン・ジョンソンたちをリーダーとして偉大にしたのは何かを学ぼうとした。ジョンソンには特に興味を持った。彼の名誉はベトナム戦争によって汚されたものの、国内政策においては（おそらく直近ではフランクリン・ルーズベルトを除いて）最も優れた功績を残している。どのようにしてジョンソンがそれを成し遂げたのかを理解したかった私がその回答を得たのは、ロバート・カロ著の『Master of the Senate』だった。

歴史や伝記を読むことで、私はいつも偉大な都市、国、文明の成り立ちを理解する喜びを感じてきた。今、その読書の対象を、リーダーシップや歴史的ブレイクスルー、歴史的惨事（特に回避可能だったもの）に向けた。

偉大なリーダーたちの物語から、彼らの習慣を観察し、どんな性格が成功につながったのかを理解しようとし、危機に直面した際にどう備えようとしたのかを知り、成功と――さらにもっと重要なのは――失敗にどう対処しようとしたのかを学ぼうとした。[1]

身の回りにはリーダーシップについて話しあえる同僚がほとんどいなかったた

め、こうした過去の人物と「対話」できることに安堵と励ましを感じた。私とは比べものにならないほどの困難に直面しながら、彼らは生き抜いた（これにも安心した）。もちろん、１７８５年といったような時代にあった問題は、21世紀に翻訳する必要はある。それでも、何世紀も通して人間的な要素が――モチベーションや行動、意思決定に――一貫して見られることを知って、私は心地よい驚きを感じた。

たとえば、物資も少なく訓練も行き届かない兵士たちを率いるジョージ・ワシントンが、あらゆる困難にもかかわらず、ずっと装備の整ったイギリス兵を相手に大きな成功を収めたのはなぜか？　私が知ったのは、ワシントンのリーダーシップの性質と彼の戦略が決定的な役割を果たしたということだ。

イギリスの制度において士官は紳士階級である一方、召集された兵士たちはそうではない。イギリス社会の階級システムをそのまま反映しているのだ。ワシントン自身は裕福な地主だったので、兵隊を同じような構造で組織することもできた。だが、彼は大陸軍の召集兵たちを一段下の人間としてではなく、同僚として扱うことを選んだ。(2)

もちろん、先頭に立ち命令を下すのは彼だ。それは言うまでもなかったが、兵士たちがまるでそこにいないかのように振る舞ったのか？　あるいは彼らと同じテーブルに座ることを拒否したのか？　答えはノーだ。だからこそ、この市民兵士たちはワシントンのために果てしない忠誠心を持って戦ったのである。

文学、伝記、歴史は、困難を実際に体験することなく、重要な教訓を観察し学ぶことができる実験室のようなものである。失敗について読むことは、どうすれば間違いを回避できるのかや、失敗からどう立ち直るのかを教えてくれた。最も優れたリーダーたちはただ失敗を受け入れるだけではなく、その責任を負い、失敗を成功に転換させるために戦うのだ。

ワシントンは、ロングアイランドとマンハッタンでの戦いに危うく敗れかけたものの、そこから回復した。リンカーンは、ジョージ・マクレランを解雇するまであまりに長く引っ張りすぎた。戦争を終わらせる機会を何度も逃した後に、やっと指揮官となるとは何かを学んだのである。

ケネディはピッグス湾事件を長引かせ、ジョンソンはベトナム戦争に苦慮した。失敗から立ち上がるリーダーもいれば、そうでないリーダーもいる。それぞれを調べることで、私は学んだ。

成功の冠を受け取るのは簡単だが、理想的にはあなたのために骨を折った人々も、あなた以上ではないにしても、同等にその名誉に値すると認めるのがいい。

また、自分が過ちをおかし、間違いの責任は自分にあると認めるのは簡単ではない。ここで多くのリーダーたちが道を誤り、失敗を部下に押しつけようとする。他人のせいにするのは道徳的にも間違っているが、実際にリーダーとしての信頼を破壊することになる。

偉大なリーダーたちがその本質を見せるのは、困難に直面した時だ。ユリシーズ・グラント中将は、何千人もの命を奪ったコールド・ハーバーの戦いの最終戦における破滅的な攻撃は人生最大の失策だったと認め、アイク（ドワイト・アイゼンハワー）大将は、ノルマンディー上陸作戦での（潜在的な）失敗を認める手紙をあらかじめ書いていた。こうした物語は、失敗の責任を負うことができないのならばその職に就くべきではないと教えてくれた。

読書から学んだもうひとつは、偉大なリーダーは同じ間違いを繰り返さないということだ。それればかりでなく、似たような状況になった時、彼らはかつての失敗について長く深く考え抜いており、すでに成功のための新しい方策を練り上げている。リーダーたちは自分の失敗をあらゆるアングルから分析し、多くの人々が自分の成功について知っている以上のことを学んでいるのだ。これは、罪の意識や自責の念ではなく、次の機会にはよりうまく対処するために学習するということを意味する。

リーダーたちのこうした分析にはあるパターンがある。科学的好奇心に満ちた、体験的アプローチをとるのだ。どこでつまずいたのか？　どう変えればいいのか？　成功への学習カーブを前進させるにはどうすればいいのか？　すべてのリーダーは――単純に大統領や軍の士官であるだけでなく、科学者であり、CEOであり、起業家である――、失敗には謙虚さと勇気と知性をもって直面する必要がある。

かつてウォルター・アイザックソンに、アルバート・アインシュタイン、スティーブ・ジョブズ、ベンジャミン・フランクリンなど、彼が書いたさまざまなリーダーたちの伝記の中に彼らの欠点を盛り込む理由は何かと尋ねたことがある。彼の答えはこうだった。「誰もが欠点や失敗にもかかわらず、大きな成功を手にできることを伝えたかった」

そう、我々は皆、性格的な欠陥があり、過ちをおかす。大切なのは、避けられる時には間違いを回避し、おかしてしまったらそれを受け入れて立ち直り、前へ進むということだ。

私自身は、ニューヨークのキャンパス建設（第5章「勇気」を参照）という失敗に直面した。どうにか解決策を探って成功につなげたいという欲望が現実の状況を打ちまかす前に、スタンフォード大学をその交渉から引き戻した。

学部生の入学を拡大する最初の試みでも失敗している（第6章「コラボレーションとチームワーク」を参照）。このケースでは、拡張を説得するのに十分な論点が欠けていることを自覚した。私は教訓を学び、次の機会が巡ってきた際には、我々はまったく異なったアプローチを提示した。

偉大なリーダーたちの成功と失敗を探索することで、失敗が持つさらに大きな文脈を理解した。失敗をパーソナルに捉えるのではなく、失敗はリーダーシップの旅の一部であるということだ。そう理解することで、素早く回復することができた。

他人に教える際にも、失敗を使ってきた。MIPSの物語を学生たちに語る時、経験の乏しい起業家として私がおかした最大の過ちをいつも共有することにしている。テクノロジーのビジョンは正しかったが、現実的にはビジネスの知識をまったく持ちあわせていない3人の若い博士創業者たちは、適切な意思決定力を保持できなかったのだ。それによって貴重な創業者の椅子を役員会に譲りわたした。そのため、役員会は我々の意見を聞かずに重要な決定を下してしまった。

その決定によって会社が消滅することはなかったものの、開発の速度を鈍らせ、会社をIPOさせるのに必要な資金をおそらく2000万ドル分上乗せした。深く後悔しているのは、我々のこの失敗によって所有権が希釈化され、会社を成功させようと懸命に働いてきた従業員のポケットから金が奪われたことだ。我々創業者は誰も、二度と同じ間違いを繰り返さなかった。こうした失敗を回避する方法を学んでほしいという願いを込めて、私はよくこの話をする。

究極的に、どんな業界や専門分野、リーダーシップの立場にいようと、好奇心を持ち他者から学ぼうとすることで、自分を成功と――そして失敗――とに向かわせることができる。

本が私を育ててくれた
私のライブラリー

生涯続けてきた読書習慣――特に成功を収めたリーダーたちの物語を読むこと――が、スタンフォード大学学長としての私の在職期間を形づくったことは間違いない。偉大な歴史や伝記に記された力への信頼が、ナイト＝ヘネシー奨学生プログラムのカリキュラムにも影響を与えるだろう。奨学生たちが、将来必ずやリーダーになるという運命にあるのならば、過去のリーダーたちから学ぶ以上にその準備をさせてくれるものがあるだろうか。

この本の巻末には、リーダーシップを学ぶ際に助けとなり、困難な時期に慰めをくれ、恵まれた時期に物事の見方を教えてくれた本のリストを挙げた。政治的なリーダーの伝記もあれば、イノベーション、科学的発見に関する本もあり、アメリカや世界の歴史についての本もある。私にとって参考になっても、あなたにとってはそうではないかもしれないと謙遜しながら、このリストを共有したい。少なくとも、この文献が自分も同じようなライブラリーをつくろうというインスピレーションになればと願っている。

リストはノンフィクションが中心になっていることがおわかりになるだろうが、私はまたフィクションの熱狂的なファンでもある。巻末には大好きなフィクション作家も挙げておきたい。

第

章

ストーリーを語る

ビジョンを伝えるために

"違う、違う。先に冒険するんだ、説明しているととんでもない時間がかかるからね"

ルイス・キャロル著『不思議の国のアリス』より

ナイト＝ヘネシー奨学生プログラム設立にあたって

フィル・ナイトからの条件

あるストーリーを聞いてもらいたい……。

カリフォルニア州ペブル・ビーチでのリトリート（転地ミーティング）の際に、私はスタンフォード大学の理事たちにこう切り出した。風光明媚な17マイル・ドライブ沿いのポイント・ジョーの、海を望む小さな家でのディナーでのことだ。大学からの報告内容は良好で、皆がいい気分だった。

大学学長としての私の任期の満了が迫っており、私は締めくくりとして達成できる何か「大きなこと」があるかを考えていた。それまでの数ヶ月、心の中でひとつのアイデアを温めてきて、それを大学の何人かのリーダーや理事会長のスティーブ・デニングにも打診していた。

今度は理事会に向けてそうする時だった。リスクがあるのはわかっていたが、新しいアイデアを紹介する最良の方法はファクトや数字を持ち出すことではなく、ストーリーを語ることだということもわかっていた。

そこで、こう始めた。「150年前、ある著名なイギリスの実業家が世界中の有望な若者のために奨学金プログラムを始めました。その後、このプログラムは大きな成功を収め、セシル・ローズという人物の名前は聞いたことがない人々にもローズ財団やローズ奨学金のことが知られるようになりました。卓越した学生たちを世界クラスのリーダーに仕立てようという彼の投資は、これまで大きなリターンをもたらしています。この奨学金プログラムで育った何人かの学者たちの名前を聞いてください」

そして私は、ロシア大使を務めたマイケル・マクフォール、上院議員のコーリー・ブッカーとビル・ブラッドレー、CIA長官のジェームズ・ウールジー、外交政策顧問のスーザン・ライス、ノーベル賞受賞者でスタンフォード大学ビジネススクール学長も務めたマイケル・スペンス、オレゴン大学学長を務めたデビッド・フローンマイヤー、作家でアスペン研究所理事長を務めたウォルター・アイザックソン、ハーバード大学医学部のアトゥール・ガワンデ、コロンビア大学医学部のシッダールタ・ムカジーらを挙げた。素晴らしいレガシーだ。

理事たちが耳を傾ける中、私は続けた。「我々スタンフォード大学も、21世紀に向けて同じようなプログラムの設立を目指すべきです。男性だけでなく女性にも開かれ、白人だけでなく有色人種の人々にも開かれ、旧英国領の国々だけではなく、世界に開かれたものとして、です」。ローズ奨学金もこれまでの年月でそうした変更を加えてきたが、スタンフォード大学には、19世紀ではなく21世紀にゼロからスタートできるという利点がある。

理事たちに考えてもらうために最後にこのビジョンを打ち出した。「スタンフォード大学は西海岸に位置し、多様性に富み、高いアカデミックレベルを誇り、起業家的な文化を持ちます。こうしたプログラムによって、20年、30年後にどんなリーダーたちが生まれてくるのかをちょっと想像してみてください」。そして、理事たちを自分のビジョンに引き込んだ。「そんなプログラムを設立して未来に投資したことで、我々がどんなに誇りを抱いているかを想像してみてください」

リスクを取ったかいはあった。理事たちは共感をもって応えてくれた。私は次に誰に話をすべきかもはっきりとわかっていた。フィル・ナイトである。ナイキの創設者であり、伝説的な慈善活動家だ。

政府だけでなく、現代社会のあらゆるリーダーシップについて、私と同様にフィルも懸念しているのは知っていた。多くの現代のリーダーたちが賢明さに欠ける決断を下していることを彼が憂慮していることもわかっていた。なぜか？リーダーだからといって、知識や相応の経験、あるいは正しい価値観を持っているとは限らない。また、フィルがイノベーションの力と起業家的思考を依然として信じていることも知っていた。だから、リーダーシップを転換するような創造的思想家を育てるという取り組みに関心を持つだろうという、いい理由があったのだ。

オレゴン州へ飛んでフィルに会いに行った時、話の土台となるのはローズ奨学金のストーリーだったが、その前に下地をつくっておきたかった。そのため、フィルがすでに知っていることから始めた。つまり、政府だけではなく企業世界でも大きなリーダーシップの問題があり（フォルクスワーゲンやウェルズ・ファーゴの問題からも明らかだった）、それは非営利組織にも見られたということだ（全米大学体育協会のスキャンダルがあった）。ローズが1世紀以上前にやったことを話し、そして未来に話を向けた。えりすぐったリーダーシップのプログラムが、どう世界の才能をスタンフォード大学とその起業家的文化に集めるか、すべての領域の学生たちを対象にし、学際的思考と協力を促すことによって、それがどんな違いを生むかということである。「うまくいけば」と私は言った。「そして、十分な注意を払い、自分たちの基準も高めて責任を持つようにすれば、偉大な結果が生まれる」

フィルはこう答えた。「少し考える時間をください」

これだけの重みを持つ取り組みに対して、一晩でイエスと言う人間はいない。

こんなアイデアはしばらく想像力の中で寝かせなければならないのだ。自分にあっているかどうかの確信が持てるまで、フィルはそれをそばに置いておく必要があった。その間、私はスタンフォード大学でのいつもの仕事に戻った。

約1ヶ月後、フィルから電話があった。「お話しする準備ができました」

我々がポートランドへ向かうと言ったが、彼は「いや、私が行きましょう」と言う。これは忘れられないミーティングとなった。というのも、フィルはいきなり、ふたつの条件つきで4億ドルの贈与を行うと言ったからだ。条件のひとつは、私が冠に同じく名前を連ねること、もうひとつは、彼がプログラムの初代ディレクターになることだ。「これに同意していただけるのならば、始めましょう」と彼は言った。

彼の条件は賛辞だと私は理解した。多数のビジネス界のリーダーと仕事をしてきたので、こうした条件の裏に深い動機があることはわかっていた。**フィルは、私が心底コミットしているのかどうか、あるいは単純にしっかりと関わるつもりがあるのかを知りたかったのだ。**

それらにどんな違いがあるだろう？　伝統的なベーコン・アンド・エッグの朝食で考えてみよう。この皿には鶏が関わり、豚がコミットしているではないか。

学長職を退けば、私は旅行を予約してゴルフのスケジュールを入れるような人生のステージにあったが、ナイト＝ヘネシー奨学生プログラムを活気あるものにするために、どんなに長くかかっても自分の時間とエネルギーを捧げる心の準備ができていただろうか。もちろん、イエスだ。

この一連の出来事が、ストーリーを語ることから始まったのに気づいてほしい。実際、私が最初に相談した理事のスティーブ・デニングは、ナイト＝ヘネシー奨学生プログラムの最も重要な擁護者となった。彼は、同プログラムの基金へ他の寄付を募るのに加えて、奨学生のためのインスピレーション溢れるデニング・ハウスを建てるための寄付金を贈ってくれたのだ。

ファクトや数字よりも大切なもの

心から関わること

社会的運動からイノベーションまで、多くの偉大なる企てはストーリーから始まる。人間は合理的な生き物なので、概念やアイデア、プログラムについての量的評価さえ与えれば、その後は自ずと論理が説得するはずと信じがちだ。

もちろん、ファクトや数字は我々の脳を虜にする。だが、それだけで我々の心は捉えられない。提案があったとして、論理的に非の打ちどころがないという理由でそれに同意したり、少なくともやってみようと思ったりするかもしれないが、その論理はエネルギーを与えてくれるだろうか？　そんなことは稀だ。一方、ミームや運動に心躍らされ、夢中になり、自分が価値ある存在だと感じられる時には、論理などそっちのけで飛び乗るのだ。

だから、もし心底チームにアクションを促したいのならば、ストーリーに引きつけるのが一番だ。自分たちもビジョンの一部だと、彼らが想像し理解できるようになれば、そのストーリーをファクトや数字で裏づければいいのだ。

チームを全く新しい方向に導いているのならば、そもそもファクトや数字がないかもしれない。あるのは計画だけだ。新規の製品をつくっていたり、新しい教育的な仕組みを生み出そうとしていたり、研究プログラムを打ち立てようとしている場合も、共有できる量的なデータが存在しない。

しかし、夢がある。その夢を鮮やかなストーリーに変えれば、あまりに魅力的でリアルなため、皆があなたのチームに加わってそれを共有したいと感じる。失敗は現実の可能性としてあるだろうし、少ない報酬で（少なくとも最初は）懸命に働かなければならないこともわかっている。

他に行けばもっと楽な仕事があるだろう。それでも、ムーブメントの一部になりたいと感じるのだ。自分自身よりももっと大きく大切な何かの一部になりたいと思い、もしあなたが信頼できるのならば、あなたについていって新領域に足を踏み入れようとする。(1)

円グラフやパワーポイントのスライドを見て、そんな企てに加わろうとする者はいない。人の心と想像力を勝ち取らなければならないのだ。どうしてもあなたのビジョンを共有したいと感じさせるのだ。

豊かなストーリーが溢れるスタンフォード大学

ビジョンからストーリーを紡ぎ出す

大学の戦略をつくろうとスタンフォード大学の同僚たちと協力した際（第7章「イノベーション」を参照）、我々は核となるテーマを見出し、そうした世界の重要な問題に焦点をあわせた学際的研究と授業を打ち立てた。戦略計画は、スタンフォード・チャレンジという大規模な募金運動のベースになるものだ。計画に盛り込まれたミッションを我々が達成できることを支援者になる見込みのある人たちにわかってもらうためには、ストーリーが必要だった。

アカデミック関係者には苦手とされる学際的なチームで協力しあい、その才能を生かして重要かつ現実的な問題を解決できるということを見せなければならなかった。幸運なことに、ジム・クラークが支援したBio-Xプログラムが、そうした学際的な研究の雛形となり、偉大なストーリーともなった。

Bio-X創設とクラークの寄付金利用の一策として、ここでは「シード投資ファンド」をつくり、多様な専門領域の教員たちが初めてチームを組んで新しい共同研究をする、その初期ステージをサポートした。当初寄せられた提案には、化学工学と眼科学の研究者たちが、人工角膜を開発するというものがあった。西洋では、角膜移植は死体から採られた組織を利用して行われたが、発展途上国や、視覚的損傷が多く起こって献体者を上回るような戦争で荒廃した地域のアメリカ兵などには、この方法は難しかった。

この学際的チームは革新的な方法を発案し、その後も大きな資金を得て人間の臨床試験に先立って動物への移植を始めた。彼らは、負傷した人の視覚を取り戻すという並外れたことが、学際的なコラボレーションによって実現できることを証明した。このストーリーは、スタンフォード・チャレンジに関連した寄付イベントでいつも語られるものとなった。

スタンフォード大学の歴史はこうした豊かな物語に溢れている。カリフォルニアの鉄道王とその妻が逝去した息子を偲んで創設したこと、1906年の大地震、

42年間連続で全米大学体育協会のチャンピオンシップで少なくともひとつは勝ち続けてきたという、スポーツでの類を見ない成功などがある。だが、この大学の有名なストーリーの多くは、スタンフォード大学に源を持つシリコンバレーに関するものである。

1930年代初頭、スタンフォード大学の教授の息子で、自身も教授だったフレッド・ターマンが、ミシシッピ川以西で最初の電子工学関連のプログラムのひとつを設立した。彼の研究室はスタンフォード・クアッドの背後にあった倉庫のような一群の建物の中にあり、そこにアメリカで最も優れた電子工学者たちが集まってきた。固体物理学者や、後にはコンピュータ科学者たちがやってきて、彼らがさらにスタンフォード工業団地（ターマンが設立した）を含めた周辺のコミュニティに広がっていき、それがデジタル革命を起こした。今日、世界有数のベンチャーキャピタルのコミュニティもスタンフォード大学のキャンパスに隣接して位置しているが、それは偶然ではない。

ここから何百ものストーリーが生まれた。毎年、新入生がやってくると、まるで聖地巡礼のようにヒューレットとパッカードが実験した場所や、バリアン兄弟がクライストロン・チューブ（レーダー）をつくった場所、ジェリー・ヤンとデビッド・ファイロがヤフーを生んだ場所、セルゲイ・ブリンとラリー・ペイジがグーグルを創設した場所などを訪れる。新入生たちは彼らのストーリーを知っていて、今やアイコンとなった起業家たちを見習おうとスタンフォード大学にやってくるのだ。ミュージカル『ハミルトン』のセリフを借りれば、「すべてが起こった」このキャンパスに来たいのだ。

こうしたストーリーは、各世代の発明家や起業家の想像力の中に生き続け、我々が新しい科学と工学の4部門からなる校舎をつくったことも、それが指針となった。

私の最初のゴールは、Bio-Xとクラーク・ビルディングの成功を引き継いで、ナノサイエンスから生物工学、環境科学と工学にいたる先鋭的な活動を起業家プログラムに盛り込むことだった。このビジョンに鼓舞される寄付者を見つけたい、より正確には4つの校舎に名前を冠する起業家の寄付者を見つけたいと願っていた。

幸運なことにゴールは達成された。4つの校舎にはおよそ10の学部やプログラムからの教員を集めることができ、学生がコラボレーションしたりプロジェクトを考案したりするスペースもある。それに、ここはスタンフォード大学の物語に溢れた歴史を反映している。

工学部の本部がある建物の地下には、ヒューレット・パッカードが創業した非常に小さなガレージのレプリカがあり、最初の製品が置かれた実験机もある。この建物の4人の寄付者であるジェンセン・ファン（エヌビディア創業者）、ジェームズ・スピルカー（スタンフォード・テレコミュニケーションズ創業者）、ジェリー・ヤン（ヤフー創業者）、ラム・シュリラム（グーグルの創業時の役員）は、いずれもスタンフォード大学に関わりのある起業家で、大成功を収めた。

入学を希望する学生や現学生がこの校舎を歩くと、随分前にヒューレットとパッカードが打ち立てたレガシーの上にイノベーションを重ねてきた何世代ものイノベーターの物語を耳にする。こうして、我々のストーリーは次の世代の起業家たちを魅了し刺激し続けている。

もちろん、すべての企てが成功したわけではない。たとえば、希望が持てる糸口はあったものの、科学部門の新校舎への寄付者を見つけることはできなかった。こうした場合には、困難な選択を迫られる。というのも、それでも校舎建設に踏み切ればさらなる負債を負い、その返済には30年がかかる。新しい施設を諦めることになるか、返済をしながら厳しい予算内で研究をするか、いずれにしても同僚たちをがっかりさせることになるのだ。

ストーリーはビジネスの世界でも有効

『ビジョナリー・カンパニー』で、著者のジム・コリンズとジェリー・ポラスは、ビジネスにおけるストーリーのパワーに人々の目を開かせた。時代を超えて成功とイノベーションを続けることで知られる19社を調査する中で、ふたりはどの会社にも豊かな神話や伝説があると記している。新製品開発を中止しろという彼の命令を無視したことが、最終的には正しかったことを証明した製品マネジャーをデビッド・パッカードが表彰した話など、こうしたストーリーはその会社が貫くものやユニークさ、理想の共有の感覚をもたらし、それが新しい社員をその企業文化に融合させる。

こうした企業はまた、変化に対応する時が来ると素早く、効率的に動くことを著者たちは発見したが、それは各社員が会社のアイデンティティをすでに理解し、直接指示されることなしにどう対処すればいいかを理解しているからだ。

ストーリーは、スタートアップでも重要な役割を果たす。大企業でないスタートアップが投資家や社員になる見込みの人々、将来の顧客を相手に彼らの物語に乗るよう説得するストーリーは結局何か？

たいていスタートアップにはまだ製品がなく、打ち出す製品は（ソーシャルネットワークやアプリのように）往々にして形を持つことがない。つまり、創設者たちは皆、どんなものになるのかの夢を持ちあわせているだけだ。その夢を関係者たちに伝える方法は何か？　それがストーリーだ。最も豊かで実現可能に見えるストーリーがあり、またそれ自体がストーリーであるビジネスプランに支えられている会社が、夢の実現のための資金を手にする。

ストーリーにそれほどのパワーがあるものかと、大げさに感じる人もいるだろう。しかし、私の経験では、夢はしばしば自己実現する。十分な数の人々が信じれば、その夢は現実になるのだ。スティーブ・ジョブズは、手頃な価格のパーソナル・コンピュータをつくると言った（その後に、手持ちのジュークボックス、電子タブレット、そしてスマートフォンと続いたが）。我々はそれを信じ、そして彼はそれらを現実にした。そのたびごとに、次の夢を実現するのに十分な売り上げをあげた。ラリー・ペイジとセルゲイ・ブリンは、「世界中の情報を整理して、誰にでもアクセス可能で便利にする」ことを目指した。イーロン・マスクは、現実的な電気自動車をつくると言った。我々はそれを信じ、彼は実現した。

どんな職業やキャリアにあっても、リーダーシップの階段を上るにつれてファクトやデータの役割は減っていくと私は思う。もちろん、ファクトは明らかにすべき一連の領域を示すものではあるが、我々の仕事はファクトや数字が押しつけてくる制限にも負けず、複雑な問題への解決策を見つけることにある。新しい可能性を探ること、そしてその可能性がどう実現され得るかについてのビジョンを生み出すことに、より関わるようになっていく。**そう、ファクトや数字は我々が何をするかの構造を決めるが、ビジョンを生み出すことはできないのだ。**

科学的研究であれ、マーケティングやセールスであれ、自分のキャリアを構築する局面からリーダーシップへ移行すると、自分の技能面での才能は重要性を失い、データはひとつのツールにすぎなくなる。今や、人々をひとつにまとめ、鼓舞し、助言し、自分のビジョンの方向へと導かなければならない。この段階のキャリアにおいて最もパワフルなスキルとなるのは、的確で説得力があってインスピレーションに溢れたストーリーなのだ。

常に新しいストーリーを追いかける

リーダーとしてストーリーの収集を心掛ける

こうしたストーリーはどこにあるのか。これに簡単な答えはない。歴史ある組織に関わっていれば、そこには過去から数多くのストーリーが蓄えられてきただろう。実際、どんな機会にも使えるものがひとつはあるはずだ。

スタートアップや歴史の浅い会社ならば、他の組織のストーリーの上に紡ぎ出すことができる。シリコンバレーでは、アップルを含む数多くの会社がヒューレット・パッカードのストーリーを借りた。半導体の企業ならば、いつもインテルの創業者たちの話をする。やる気に溢れたCEOのアンディ・グローブ、知的なゴードン・ムーア、そしてインスピレーション豊かなボブ・ノイスたちのことだ。テスラやリンクトインなど最近の名だたるスタートアップは、創業者たちのペイパルでの日々とパーソナルな歴史からストーリーを引き出している。

一方、歴史の本を見れば、使えるストーリーが無限にある。それは、競合会社も同じだ。たとえば、スタンフォード大学にも偉大なストーリーがたくさんあるにもかかわらず、私はハーバード大学の牧師のことを好んで語っている。

ハーバード大学メモリアル・チャーチのピュージー派牧師であるピーター・ゴームズは、長年にわたってスタンフォード大学の卒業式の週末を飾る学士号取得者へのスピーチを行ってきた。

卒業生たちへのアドバイスを与えるために立ち上がって、彼はこう言った。「これからあなたたちの目標は、生き延びることではなく、生きるのにふさわしい人生を築くことです」。そして、後ろに控える親たちや学生たちに目をやって、かつてハーバード大学の学長を務めたA・ローレンス・ローウェルの言葉を引用した。「真の成功とは、やろうとしたことをやる、やろうと希望したことをやる、あるいは苦労してやり遂げることですらなく、やる価値を持つことをやるところにある」

私は、彼のメッセージが22歳の若者たちの頭上を通りすぎて、親たちに届いて彼らがうなずいているのを見た。人生を十分に生きてきた彼らにはこの言葉の意味するところがわかるのだ。ほとんどの学生たちは、頭が良かったとしても理解するには若すぎた。

想像がつくだろうが、私はこのストーリーをスタンフォード大学への寄付を検討している多くの卒業生たちに話してきた。当然、彼らは母校としてのスタンフォード大学と個人的なつながりを持ってはいるが、それだけでは寄付を引き出すには十分ではない。何といっても、資産に恵まれた人々は、個人としての消費、ビジネス上の投資、チャリティーとしての寄付など多方面への投資に引っ張られているものだ。すでに潤沢な基金を持つスタンフォード大学に、なぜ寄付する理由があるのだろうか。

チャートやグラフ、受賞歴や業績のリストを見せることもできるが、それは、スタンフォードは世界でも屈指の大学であるという、彼らがすでに知っている内容を繰り返すにすぎない。結局、彼らの決断はストーリーがもたらすのだ。

たとえば、学生の奨学金のための寄付金を募ろうとする際には、現学生に来てもらって自分たちのストーリーを語ってもらう。彼らは、家が貧しいとか家族では誰も大学に進学した者がいない、あるいはひとり親で育ったなどの理由で、20年前にはこんな大学に受け入れてもらえるとは想像もつかなかったと語ってくれる。

学部生への学費援助に関するプレゼンテーションの場では、理事のひとりがストーリーを語った。シカゴで育った彼女の母親は家政婦で、学校へ行く前には靴底の穴を塞ぐためにプラスチックの袋を靴に詰めたと話した。著名かつ成功を収めた個人が語るそうしたストーリーは、人を変える高等教育のパワーをどんなにたくさんのチャートよりも雄弁に伝える。

ストーリーを集める過程でやるのは、キャンパスでの日常生活にある原材料の中に転換的なイメージを見出すことだ。それは、ホームレスだった若い女性がスタンフォード大学へ入学したことであったり、新しいビジョンを備えた研究とその潜在的な応用方法であったりするだろう。耳を傾けると、そうしたストーリーは1日に何度も耳にするものだと気づくだろう。

宝物とも言えるストーリーは、私が学長に就任してすぐの頃にスタンフォード大学でバイオリンリサイタルを開いたイツァーク・パールマンから聞いた。リサイタルが開かれたメモリアル・オーディトリアムは、音楽ホールではなく講堂である。その控室で私を迎えたパールマンはこう言った。「学長、スタンフォードは素晴らしい大学ですが、パフォーマンスのためにはひどい場所ですね」

その通りで、私はこのストーリーをスタンフォード大学の野心的なアートでの取り組みを軌道に乗せようとしている時に度々語った。スタンフォード大学で最も長く理事を務め、以前は理事会長でもあったピーター・ビングがある時に進み出て、新たなコンサートホールのための主導寄付者となってくれた。彼はビング・コンサートホールの冠寄付者となったばかりでなく、かなりの時間をかけて、ホールが音響面でも美的な面でも傑出したものになり、同時に心地よい場所となることを確実にしてくれた。

２００８年に経済危機が起こって、コンサートホールの計画を延期するかキャンセルしなければならない可能性があった時にも、卓越したデザインを求めるピーターの熱意に動かされ、芸術を信じる他の多くの理事たちがプロジェクトの完成をサポートしてくれた。今日、ビング・コンサートホールは、大学が持つ中規模コンサートホールの中でも最も洗練された場所のひとつになっている。

言わずと知れたことだが、古いストーリーを語り続けることには弱点もある。すでに聞いたことがある人も多いし、ストーリーそのものが色あせて、世界を変える力を失う。だからこそ、常に新しいストーリーを探し聞き続けることが重要になるのだ。

アカデミックな世界では、大学の広報部や校友会の雑誌がタイムリーで初耳に近いストーリーを見つけるのにいい。ただ、それよりも効果的なのは、ただキャンパスを歩き回ることだ。オフィスから足を踏み出して学生たちと語りあい、教員たちと言葉を交わす。いいストーリーは、そんなところから耳に入ってくる。ビジネス界ならば、企業のニュースレター、ウェブサイトや雑誌が価値あるソースになる。展示会その他の業界の集まりも同様だ。しかし、アカデミーの世界と同じく、最良のストーリーは社員との肩肘張らないやりとりから出てくるものだ。

もちろん、ストーリーを聞くたびに急いで綿密に書き記す必要はない。それよりも、意味ある逸話、賢明な教え、輝く物語といったものに対する「耳」を育てることが求められる。そんな機会があればノートをとったり、あるいは誰が教えてくれたのかを覚えておいて、後で詳しく教えてもらったりすればいい。大学学長や企業CEOとしてのあなたのゴールは、特に即興で話をするよう依頼されるなど、どんな機会にも持ち出すことができるストーリーの宝庫をいつも新鮮に保っておくことである。

同時に、ストーリーを語り聞かせるスキルを鍛え、まだ存在しない何かへのビジョンを聴衆に訴える際に使えるようにしておくのがいい。ストーリーにはできるだけ迫真性を加えて、聞く人にそこに生きているかのように感じさせることができれば、世界を変えたいというあなたの企てを彼らが助けてくれるだろう。

ナイト＝ヘネシー奨学生プログラムは２０１８年、ちょうどこの本が出版される頃に最初の学生を受け入れる。執筆時には、50人の募集に対して応募してきた３６００人以上の申請書に目を通している。人生を変えた他の多くの企てと同じく、このプログラムもストーリーから始まったということを覚えておいてほしい。

第10章

レガシーとは

後世に残せるもの

“人生の最良の利用方法は、自分の生命を超えて続く何かのために使うことだ”

ウィリアム・ジェームズ言とされる

未来にまで続くものを打ち立てる

私のレガシーは何かと、誰かが初めて尋ねた時のことを覚えている。それは2015年夏、次の学年末に退職する意図を発表してすぐのことだ。それまでの16年間に達成できたことを祝するための、お別れイベントや記念記事について話しあっていた時に出てきた質問だった。

正直なところ、私は16年間の学長職においてもその前のリーダーシップ職においても、レガシーについて考えたことがなかった。私が注力していたのは、リーダーとして真正かつ倫理的に率い、スタンフォード大学のコミュニティとの信頼関係を築くことで、私自身がリーダーを務める時間を超えてスタンフォード大学をともに前進させられるようにすることだった。

そうした相互的なゴールを達成するために、的確な取り組みを打ち立て、そこに投資しなければならなかった。そこで、我々は将来の世代がより大きな援助を受けられるように学資補助のための基金をつくることに注力した。同様に、学際的研究を拡張する際には、環境のサステイナビリティ、国際関係、人々の健康など、次の10年間ばかりか、50年間にわたって大きな挑戦となる分野に焦点をあわせた。

つまり、私が何を残すのかはあまり考えておらず、未来にまで続くものを打ち立てるのにあまりに忙しかったのだ。だから、2015年に私のレガシーが何かと聞かれた時、やや躊躇した。「偉ぶらず、他者の賞賛に任せよ」というのが私の本能だった。真に正直なところ、私は達成したことと同じくらい、まだやっていないことについて考えていたのだ。

限られた自分の時間、エネルギー、リソースを守る

大事なことにフォーカスする

キャリアの第1日目に、自分のレガシーが何かを考え始めることもできるだろう。当然、自分の行動や決定が何を意味するかに意識的になるのは有益な効果をもたらすこともあるはずだ。少なくとも、非道徳的な行動を慎む契機にはなる。ただ、倫理的に正しい道を選ぶためには、良心の呵責(かしゃく)で十分なはずだ。レガシーにこだわりすぎると、自分のキャリアを制限し、評判を曇らせることにもなる。

たとえば、最終得点のことばかり考える人間はリスク回避的になる。ちょうど、部隊からの人気はあったものの、戦いに負けるリスクを恐れすぎてリンカーンに

解任されたジョージ・マクレラン最高司令官のように、だ。実際、マクレランは戦いを避けようと努めていた。

さらに、利他主義的だというレガシーをつくろうとする人物は、もしそれが他者を守ろうという深い配慮からではなく、特定のイメージを生み出すためならば、全く逆の行いをする。深く人生を通して奉仕することに慣れたリーダーはレガシーを生むが、ただ記念写真にだけ出てくるようなリーダーはまがいものだという悪評を得る。

キャリアの初期にやるべきなのは、レガシーを打ち立てようとすることではなく、スキルを習得したり経験を積んだり、個人としてと同時にチームメンバーとしての地位を確立するなど、それぞれの職業でベストを尽くすことだ。その後、どんな機会がやってくるのかは誰にもわからない。私の場合、工学部の学生になった頃は、ただコンピュータ・エンジニアになりたかっただけだ。教授になった時は、これほど嬉しいと思ったことはなかった。起業の機会がやってきた際には飛びついた。

その後、学部長になって、自分にはリーダーシップの素質があると自覚し、そこからプロボスト、そして学長になった。今60代になって、ナイト＝ヘネシー奨学生プログラムのディレクターという新しい役割に就いた。

もし、25歳の時、あるいは40歳や50歳で、自分の評判を気にしてリスクを回避していたらどうなっただろう。シリコンバレーのスタートアップを起業するという機会は逃しただろう。プロボスト職も辞退しただろう。今日、私の評判はスタンフォード大学の学長としてのもので、新しい会社を設立したことではない。**自分のレガシーを過剰に、あるいは早く気にしすぎる代わりに、私が選んだのは、いつもそうしてきたように、意味のある貢献ができる道を歩むことだった。**

世界を変えるという自分のライフワークに集中することは、若い頃に自分のイメージを気にしたり、人生の終盤戦に入ってから、平凡だったり傷ついたりした評判を回復させようとするよりも、ずっと優れた戦略のように見える。

私の行動規範となったのは、レガシーを打ち立てることではなく、限られた自分の時間、エネルギー、リソースを守ることだった。私はこれを機会費用ジレンマと捉えている。機会費用とは、時間、エネルギー、立場、つまり自分の地位を何か重要なことに使う能力のことだ。偉大な善をなすためには、常にこう自問しなければならない。「自分の時間と地位を最も効果的に使う方法は何か」

当然、トップのリーダーシップの立場にあれば、自分がコントロールできない多くの要素も含めて、とてつもない責任を負っている。スキャンダルが起こったり大きな取り組みが失敗したりすれば、自分がその責任を取らなければならないだろう。そうした混乱への恐怖はリーダーを金縛りにするからこそ、前進することに焦点をあわせ続けることが求められるのだ。組織をどう向上させられるか？自分の組織を他にはない方向へ率いて、世界にインパクトを与えるにはどうすればいいのか？

私の場合は、スタンフォード・チャレンジがそうした方向を定めた。これは、世界が直面する問題に向けた学際的な取り組みをサポートするために、研究と授業の両方を転換させることを目的とした寄付金集めである。このチャレンジは、計画と実行に10年かかり、私が就任した時よりもスタンフォード大学をより良い場所にするために真に大切なことは何かを考えさせてくれた。

私にとってのレガシーとは、自分の仕事によって確実に他者が恩恵を受けるようにすることだ。組織を率いているならば、自分の貢献によってその組織を具体的かつ明快に定義された方法で向上させることがレガシーだ。レガシーとは、自分がやってきた時よりも、組織がより効果的に人々に貢献するようになっていることを意味する。レガシーのこの定義はどんなタイプの組織にも、そこにいるどんな個人にも、そしてどんなレベルのリーダーシップにも当てはまるのだ。

自分の行動は想像を超えたずっと向こうにまでつながっている

「あなたの役割」が「あなたのレガシー」を形づくる

どの時点でも、あなたが組織で果たす役割があなたのレガシーの領域をほぼ定義づけるものになるだろう。大学の教員ならば、あなたのレガシーの一部は研究であり、少なくともそれが世界や研究界にどれだけのインパクトを与えるかにある。しかし、レガシーの中心にあるのは、あなたの卒業生たちだ。

だからこそ、アカデミックの世界では、学問上の「子どもたち」や「孫たち」についてよく話すのだ。彼らは卒業生から何世代にもつながる学生たちで、そこから教授になる者も出てきて、さらにそこから卒業生が生まれる。

このレガシーは、教授の退任が近づくと行われる、アカデミック界で「記念講演」と呼ばれるお祝いに反映される。このイベントでは、たいてい一連のセミナーが開催されるが、全日のカンファレンスやディナーが含まれることもある。祝祭が最高に盛り上がるのは、教え子や同僚がその教授の研究や、教授の指導によって自分たちの研究がどう形づくられたかを話す時だ。

スタンフォード大学では、フレデリック・エモンス・ターマン工学賞を通して、学生たちの成長を助けた高校の先生たちにも敬意を表している。同賞は、毎年工学部のトップ5％の卒業生に与えられる。受賞者は、高校で最も影響を受けた先生を招くことができ、スタンフォード大学が旅費を負担する。私は、受賞する卒業生のアドバイザーとして、また学長として何度か授賞式に参加したが、最も感動するイベントである。

参加したある先生は、高校の写真を見せてくれた。そこでは、招待状が教員のランチルームの掲示板に張られていた。卒業生が自分を選んでくれただけではなく、スタンフォード大学が招いてくれることが自慢だったのだ。

先生たちは、スピーチでその学生たちがどんなに特別かわかっていたと語るが、彼らは控え目で学生の業績を決して自分のものにはしない。一方、学生たちは、先生たちがどれほど自分を鼓舞してくれたかを語る。面白いことに、先生たちの担当学科はいろいろだ。物理、コンピュータ科学、数学の先生たちがいるのは予想できるが、外国語（だいたいラテン語だ）、国語、あるいはディベート担当の先生も交じっている。これは、ＳＴＥＭ教育においても人文科学の先生たちが大きな影響力を持っていることの証しだ。

このイベントは、彼らが世界を変えたのだと先生たちにメッセージを送る。これがあなたのレガシーです、あなたがサポートした学生は、これからも歩みを進めて偉大なことを成し遂げるでしょう、と。

実際、同賞自体が自著の教科書の印税を大学に寄付し、この素晴らしい伝統をつくった伝説的な教授であり、学長であり、プロボストを務めた人物によって設立され、彼の名前を冠している。

もちろん、スタンフォード大学もレガシーから生まれた。毎年創立者記念日には、大学をつくる資金を提供したリーランドとジェーン・スタンフォード夫妻を祝する。この日のために学生にはエッセイを提出してもらうことが伝統になっており、学部生と大学院生のそれぞれから選ばれた2本のエッセイが、式典で読み上げられる。

ある年に選ばれたのは、モンゴルから初めてスタンフォード大学にやってきた学生だった。国際政策学の大学院生だった彼女は、民主主義がどうつくられたのかを研究し、その知識をモンゴルに持ち帰って、そこでの民主主義の樹立に役立てようとしていた。壇上に立った彼女は、自身の生い立ちに少し触れて言った。「ここに立って、もし観衆の中にジェーンとリーランド・スタンフォード夫妻がいたらと想像します。彼らは何と言うでしょうか。地球の反対側から、母国に民主主義を樹立しようという野心を持った女子学生がここへやってくるなど想像できたでしょうか」。レガシーとは、自分たちがとった行動が後になってどこに届くかということで、それは想像を超えたずっと向こうにまでつながっている。この学生が気づかせてくれたのは、そういうことだった。

「レガシーの解釈のされ方」は時間とともに変化する

レガシーは時間をかけて形づくられる

キャリアのスタート時点では、自分がどこへ向かっているのかを本当に知ることはできないし、自分のレガシーについて考えることも不可能だ。考えられることがあるとすれば、それは自分の評判だ。

たとえば、アカデミックなキャリアの道について考えてみよう。教員ならば、早い時期から論文を発表することの大切さはわかるので、編集者やレビュアーが受け入れてさえくれるのならば、どんなに小さな発見でも発表しようとする。しかし、信頼に足る評判を打ち立てるとなると、もっと選択的になる。

キャリアのこのステージでは、こう考えるのだ。「まあ、これも出版はされるだろう。私の名前が載っているし、最低限の基準はクリアしている。ただ、自分の評判を強化するものではないだろう」。この教授は、良かれ悪しかれ名前が残る業績は限られているから、そのすべてを素晴らしいものにした方がよい、と認識するようになるのだ。

エイブラハム・リンカーンのような偉大な人物を考えてみよう。彼は、南北戦争に勝利して奴隷制を廃止したことで知られている。だが、それ以外にもホームステッド（自営農地）法、モリル（土地交付大学）法、大陸横断鉄道法など、西部を切り開いた3つの法律に署名したことは忘れられがちだ。もっと偉大な業績が記憶を占めるからである。これは、レガシーを考えるならば卓越し、長く記憶に残る取り組みや行動に焦点をあわせるべきだということを示唆している。

卓越した行動というと、組織のかなりトップのリーダーにしかできないことだと考えがちだが、実際には組織内の誰にでも貢献は可能だ。リンカーンの陸軍長官だったエドウィン・スタントンと将軍だったユリシーズ・グラントのふたりは、南北戦争の勝利のために重要な役割を果たしている。ジャスティン・モリルは、リンカーンの後継者が拒否したモリル法を支え、その制定のために戦った。こうした業績は、歴史の本で持ち上げられなくとも、リンカーンとともに彼らのレガシーとなっている。

どんな行動が大きく、永続するインパクトを与えるのかを演繹的に予測するのは難しい。リーダーがその職についている10~20年間ですら、その旅がどこに行き着くのかはわからないのだ。私がスタンフォード大学の学長に就いた時、学資援助が大切なことはわかっていたが、学部生への援助を大学の歴史上これまでにないほど増額することへ関わろうとは、想像もできなかった。

同じように、スタンフォード大学でのアートを強化するために、大きな企てをスタートして完遂させることになろうとは考えてもみなかった。前に延びる道は予測不可能であるだけでなく、我々の寄与や努力を他の人々がどう見るかは予想できない。**さらに、ある人のレガシーをどう解釈するかは、その良い面と悪い面に対する社会の見方が時代とともに変化することで変わる。**

たとえば、ウッドロー・ウィルソンは、第一次世界大戦中のリーダーシップや国際連盟の設立に注力したことで讃えられたが、今やその差別的な世界観によって非難される。ゲティスバーグ演説にある一節の通りだ。「ここに語ることを世界はほとんど認識せず、長く覚えておくこともないだろう」。それどころか、未来を予想することなど実に難しいのだ。

自分のレガシーに人間がこだわるふたつの理由

他者がレガシーをつくる手助けをする

いってみれば、組織でどのレベルのリーダーシップにあろうと、人々がレガシーをつくる手助けはできる。大学が、教授や学生たちにレガシーともなる研究の機会を与えるように、企業や企業内のリーダーシップは、社員が長く世界へ貢献し続けようとするのを支援できるのだ。

私は大学の学長として、スタンフォード大学が続く限り卒業生がレガシーをつくる手助けをするという、ユニークな機会に恵まれた。自分のキャリアで偉業を成し遂げた卒業生の多くは、少なくともその一端をスタンフォード大学で過ごした時に見出している。それを、大学への寄付によって示したいと考える。そうした時、建物に自分の名前をつけることがレガシーだと捉える人もいるが、それを超えたあり方を求める卒業生と仕事をしたこともある。彼らは、長く残る方法で次世代の教員や学生に機会を与えたいと考えるのだ。

これだけの成功を収めてもなお、なぜ卒業生は自分のレガシーにこだわるのか。彼らは、大企業を経営したりそこに投資したりし、その過程で富と（ある者は）名声も得るという、かなり多くのことを成し遂げた。なぜ、まだ欲しいものがあるのか？

ここにはふたつの動機があると、私は見る。返礼をしたいという願いと、遠く未来にまで続くレガシーを打ち立てることへの興味である。ビジネス、特にシリコンバレーでは、フォーブス誌の表紙にＣＥＯの顔が載るような10億ドル規模の企業でも、明日には消滅してしまうことがある。

もちろん、企業のリーダーとしての個人の役割は10～20年以上は続かない。輝くようなキャリアのピークをすぎた後、多くの人は財産やネットワーク、エネルギーというアセットを持った自分は、これから人生で何をしていくのかと考える。ポジティブな変化を起こして、世界を良い方向へ向かわせるようにすべきではないかと思うのだ。

建物に自分の名前をつけることは、重要なことか？　当然、優れた施設は人々の生活を向上させる画期的な研究を可能にする。スタンフォードのような大学は、世界レベルの教員と学生を抱えるが、特に科学や工学で変革的な成果を生むためには最高水準の施設が必要だ。言うまでもないが、デニング家がデニング・ハウスでやったように、永遠に保全したり建て替えたりするための基金をつくらない限り、建物は永続することはない。

学長になってから知ったのは、人々はレガシーを意識するが、その方法はそれぞれだということだ。ヒューレットとパッカードは、優れた施設を提供することで学生をサポートしたり、新しいプログラムを支援したりした。

しかし、その建物の命名に際しては、自分たちを指導した教員でメンターであったフレデリック・ターマン・ジュニアを讃えた。後に、科学と工学の校舎群を建てた際に、その入り口部分にある2棟がヒューレットとパッカードの名前を冠することになった。これは、ビルとデイブの逝去後、大学の提案を両家が承諾して実現した。

ヒューレットやパッカードのように、自分の名前をつけることをレガシーとしたくない人々もいる。シスコのCEOを務めたジョン・モーグリッジと妻のタシャは、校舎の建設費、教授職、学生の奨学金のために多額の寄付を行っている。だが、今日まで彼らの名前を冠した建物はない。

実際のところ、レガシーを残すために自分の名前をつける必要はない。フィレンツェに行くと、私はドゥオモの近くまで寄っていって大理石に美しく繊細に彫られたカブトムシや蝶、花、イチジクの葉などのイメージを見るのが好きだ。これをつくるのに職人が何千時間もかけたのだろうが、どこにもサインはない。職人の名前はなくとも、その作品は永遠に残る。そのレガシーは、800年以上経っても評価されているのだ。

学長としての私は、どの非営利組織のリーダーとも同じように、財政的な成功を収めた人々がどうフィランソロピーを行うのかを決定する際に助言することが仕事の一部だった。そこでは、ふたつの目標を設定していた。他者を手助けすることの喜びを伝えることと、彼らが残したいと思うことに通じる重要な機会につなげることだ。

こうした努力は、ビング・コンサートホール（第9章「ストーリーを語る」を参照）、アンダーソン・コレクション（第6章「コラボレーションとチームワーク」を参照）として結実し、アートにおけるスタンフォード大学の地位を向上させた。それでも、スタンフォード大学の芸術学部自体は、古く、建築物としてはパッとしない建物の中にあり、実技コースを取りたいという学生の増え続ける需要に応えられるだけのスペースがなかった。スタンフォード大学のアートに深く関わり、ビジュアルアートの重要性を讃える建物の建設を支援してくれる寄付者が必要だった。

それで、カリフォルニアへの5時間のフライトでバートとディーディー・マクマートリー夫妻と乗りあわせた際、彼らの関心を探ってみようと考えた。彼らには、芸術学部のための新しい校舎が、カンター美術館、アンダーソン・コレクション、ビング・コンサートホールが集まるスタンフォード大学のアート地区で至宝のような存在になると説明した。

またマクマートリー夫妻は、新しい施設があれば、学生たちがクリエイティブな関心を広げて、想像力を伸ばせることも理解した。ふたりは提案を気に入り、ディラー&スコフィディオ＋レンフロ設計による建築物としても魅力的な建物の建設資金を寄付してくれた。マクマートリー・アートビルディングは今日、キャンパスに加わった活気溢れる校舎となり、夫妻のスタンフォード大学や学生、アートに対するパッションの記念碑にもなっている。

学部長、プロボスト、学長として務めた20年間、建物の寄付、寄付講座、新しい研究や教育プログラムの創設を通したレガシーを祝う式典に多く参加してきた。どの機会でも、寄付の恩恵を受ける現教員や学生とともにこれから続く世代が彼らの真のレガシーであると、寄付者たちに気づかせるようにした。式典の夕べはいつも笑顔と抱擁と感謝で閉じた。寄贈したことの喜びは手に取るようにわかり、我々もいい仕事をしたと確信するのだ。

退職、そして来たるべきものの選択

技が廃れ評判が落ちたスポーツ選手は、長く居残りすぎたことがわかる。私は、学長職を高みで終えたかった。2回目の寄付キャンペーンを終了した2012年、私は退職を発表することもできた。

スタンフォード・チャレンジは成功を収めていた。キャンペーンは目標額を40%も超えて、スケジュール通りに完了した。しかも、寄付は大学を変え、学部生や大学院生の学資援助を拡大させ、ぞんざいに建てられた建物を、中庭を囲む4つの新校舎群で代替して工学部を転換させ、スタンフォード大学のアートを新しい美術館やパフォーマンス空間、実技スタジオ施設を加えることで向上させた。さらに、健康、環境のサステイナビリティ、世界の平和と保全、開発といった、社会が直面する大きな挑戦に焦点をあわせた取り組みも始めていた。

任期のこの時点までに、友人や同僚たちは私が十分に業績を達成し、それ以上在職することは日に日にスキャンダルや論争を引き起こして、私のレガシーが傷つくリスクを増やすばかりだと考えていた。しかし、私はそんなリスクには無関心で、我々が始めた変化が長期的に成功を収めるのを確かにすることの方に没頭していた。プログラムの中には、あと数年見守らなければならないものもあった。また、私も次に何をしたいのか考える時間が必要だった。スタンフォード大学で最後の行動を起こすのならば、それは何だろうか、と。

学長を辞した後のことを考えた時、探求したい明確でアカデミックな方向性は見えなかった。ちょっと教壇に立ち、いくつかの役員会に加わり、少し旅行もするだろうと考えた。ややゆっくりしたペースの生活や、責任が軽減されることには、魅力も感じられた。しかし、それもマッキンゼーのディレクターを務めた友人のビル・ミーハンと話すまでのことだった。ビルは、そんなつまみ食いのような生活に私は満足しないだろうと言い、何か大きな企てに身を投じるべきだと勧めた。その企てが、ナイト＝ヘネシー奨学生プログラムだ（第9章「ストーリーを語る」を参照）。

学長を辞す一方で、ナイト＝ヘネシー奨学生プログラムの創設ディレクターに就任する決断には、いくつか興味深い疑問が湧いた。まず、学長の退職年齢に達する私は、新しい奨学生プログラムをスタートさせるのに年をとりすぎていないのか？

45歳ならば、問題なしと考えただろう。エネルギーも時間も経験もある。しかし、65歳ではどうなのか？　十分なエネルギーはあるのか？　健康状態は続くのか？　組織を成功させるためにがむしゃらにピッチするような、スタートアップのモードにまた戻りたいのか、あるいは、これまで取得した深い専門知識と苦労して手に入れた知恵を提供できるような領域で、アドバイザーの役割に留まるべきか？

これは、トレードオフだ。若ければエネルギーもあるだろうが、年を経ると人々とやりとりするスキルや力量、知恵を得る。新たに直面することのすべてはおそらくすでに経験済みで、生き延びる方法もわかっている。そのため、若ければ浪費した時間、金、エネルギーを節約することができる。それに、スタートアップほどエキサイティングなことはない。それ自体が、エネルギーを与えてくれるものだ。

ナイト＝ヘネシー奨学生プログラムをスタートアップ企業として捉えることにも、疑問が湧いた。失敗のリスクを負ってもいいのか？　年をとればとるほど、失敗を恐れて自分の評判を守ろうとする人々もいる。一方、年をとるほど、そんなことはどうでもいいと考える人もいる。希望の持てる新しい機会があるというそれだけで、乗り気になるのだ。

私は、個人的にはあまり失敗のことを気にかけない。新しい企てには、科学者的に取り組もうとする。それに成功のチャンスがあるかどうかを、査定しようとするのだ。プロセスは、方法論的に捉える。このアイデアはどうテストすべきか、と自問する。ナイト＝ヘネシー奨学生プログラムについては、まずコンセプトを学部長たちに打診し、さらに理事会長のスティーブ・デニングに聞き、外部の人々数人、さらに多人数のグループにも問うた。最後に、財政的に支援してくれそうな人々のところにも持っていった。そうすることで、意図的にアイデアを洗練させることに貢献してもらったのだ。他者の知恵と専門知識を生かすというだけではなく、将来の成功の一端を担ってもらいたかったのだ。そうしてやっと、私はそこに飛び込もうと決心した。全身をコミットして、である。

かつて、大学学長としての仕事に聖書がどんな役割を果たしたかと尋ねられたことがある。すぐにタレント（古代の貨幣）の逸話を思い出した。3人の召使いが、投資するようにと主人から金を与えられる。ひとりは金を埋めて、戻るなり主人に叱られる。残りのふたりは投資をして、利を得た。そこがポイントだ。

与えられるのはリソースであり、機会である。それをどう生かすか。違いを生むような人生をどう編み出すのか、という問いから出発すれば、レガシーは行動の後から自然についてくるだろう。

もし、名前を残したいと希望するのならば、自分が死んだ後もずっと続くような何かをするのがいい。学長職にあった期間、我々のチームはスタンフォード大学に数多くの建物を新設した。それはポジティブなインパクトを与えるが、建物は永遠には続かないし、運動靴の会社も同様だ。フィル・ナイトも私もそれがわかっていた。我々は、互いの中に、そして共通するビジョンの中に、非常に長く続き、世界に印を残す未来のリーダー世代を力づける何かを見出したのだ。そうして、その達成を助けてくれるチームも集めた。

そうした企てを始めることはリスクと見えるかもしれないが、いつもそうしたリスクを取ることの大切さが思い起こされる。たとえば、第1期奨学生への応募書類を読んでいた2017年秋、我々のビジョンを具現化するような学生が数人いた。彼らは、ソーシャル・ベンチャーを成功させたり、人権や核拡散防止のために活動したり、世界の貧困地域での経済発展を実現させたりしていた。

ちょうどフィル・ナイトも訪問しており、ともに応募書類に目を通すうちに、この奨学生プログラムが今後10年や20年ではなく、何世紀にもわたってどれほど重要なものになるのかを認識した。そのレガシーに貢献したとして私が記憶されるかどうかは、取るに足らないことだ。大切なのは、これを通して支援を受ける人々なのである。

おわりに
未来をつくる

〝もう待つことなく、誰でも今すぐに世界を少しずつ変え始められるとは、何と素晴らしいことでしょう！〟

アンネ・フランク著『アンネの日記』から

2018年秋、ナイト＝ヘネシー奨学生プログラムの第1期生たちが学期をスタートさせる。まっさらな校舎の中で、新しいスタッフに支えられ、全学からえりすぐった立派な教員たちに導かれ、世界を変えるリーダーになる新しい機会を目前にする。これは関係者の誰にとっても初めて尽くしの瞬間だ。

この章を書く2017年12月、スタンフォード大学は晩秋を迎えている。サンフランシスコ湾岸地域の秋らしく、小雨が降り葉が落ちているものの、寒くはない。私は、素晴らしい新入生たちを相手に大学1年生向けのセミナーを終えたところで、これからホリデーシーズンと年末がやってくるのをゆっくりと味わおうとしている。

スタンフォード大学学長としての職を辞して1年、刺激的な人生のある時期が過去のものになりつつある。しかし、葉を落としたキャンパスの木々のように、私もすでに再生に向かい、奨学生の応募書類に目を通し、デニング・ハウスの建設を見守り、ナイト＝ヘネシー奨学生プログラムのためのチームを集めているところだ。

いつも念を押されることだが、人生とは予測不能なものだ。2年前、学長退職後の自分の生活を想像しようとした際、思い描いたのは半リタイア生活で、半分はビジネスに半分はアカデミアに関係する職に就くという、名誉教授やエグゼクティブの典型的な生活だった。ところが、多くの仲間がクルーズの予約をしたり生活規模を縮小したりしている時に、私は全く新しいチャレンジを目前にしているのだ。

スタンフォード大学学長に就いた時、これがキャリアの頂点だと思った。私が持つスキルを総動員してそれをさらに伸ばす最終幕であり、私が愛する組織にポジティブなインパクトを与えるチャンスと捉えた。16年間の学長職は、それを超えるものだった。しかし、学長職が頂点ではなくプレリュードになろうとは想像もつかなかった。

スタンフォード大学を率いるのは私にとって最大の挑戦だったが、有利な点もはっきりしていた。それは、大学が持つ長い歴史とオールスターの協力者チームだ。私が成功を収めたのならば、それは大学の創設者と9人の前任者たちの成功があったからこそ、だ。もし、私が失敗して機会を失することがあったとしても、大学は回復するだけの弾力性を備えている。いずれにしても、どう前進すればいいかわからない時にも、過去1世紀の歴史とミッションから学ぶことができ、大学の運営を隅々まで知りぬいた一流のチームがいたのだ。

それに対して、ナイト＝ヘネシー奨学生プログラムは全くの白紙で、起業家時代以来経験することのなかった大きなチャレンジを前にしていた。フィル・ナイトと私はアイデアを生んだが、ここから私はチームとともにその夢を実現しなければならないのだ。

どのようにプログラムを構築するか、どの学生を選ぶか、どんな方法が隠れたリーダーシップの力を育んでいくのかについて誰も明確に教えてはくれない。我々は自分たちでミッション・ステートメントを書いている。それなのに、その有効性を証明する手立てもプロトタイプもない。しかも、第1日から未証明モデルの「生産」に入るのだ。

だから、スタンフォード大学での日々と同じくらい、私はMIPSでスタートアップ創業者として過ごした短い経験に感謝している。最近の生活は起業家そのもので、旗振り役から使節、財政アドバイザー、教授まで、日々いくつもの役割をこなしている。

またもや幸運なことに、プロジェクトに身を捧げる非常に才能あるスタッフに恵まれ、応募プロセスの最終段階で彼らが無数の電話を処理するさまを目にしている。

私が起業家として学んだことのひとつに、成功は失敗と同じくらい危険だということがある。特に、需要に生産が追いつかない時がそうだ。２０１７年12月時点で、この奨学生プログラムには第１期生50人の募集に対して３６００人もの応募があった。応募者は、世界１００ヶ国以上に散らばり、専門分野もスタンフォード大学院プログラムの95％に散らばるという、真にグローバルなグループとなった。合格率は１・５％もなく、これはスタンフォード大学のどのプログラムよりも狭き門だ。

残念だが、どこから見ても素晴らしい人材ながら、ほとんどの応募者は落胆することになる。我々はあまりに排他的になりすぎているのか、という疑問が少しずつ頭をもたげる。奨学生枠をすぐに１００人に拡大すべきか？　選抜に際して正しい評価をしているか、あるいは潜在的に偉大なリーダーが持つXファクターを見逃しているのではないか？　手元のタスクに見あったカリキュラムになっているか、あるいは何か間違ったものに重点を置いていないか？

この本を書いたのも、ひとつには尊敬を集めるリーダーや、時に痛みを伴う自分自身の経験から学び、優れたリーダーにとって重要だと立証された特徴や性質を探求するためだった。そうした特質や性質の中には反直感的なものもあったし、学校やマニュアルが教える伝統的なリーダーシップ像からはまさに逸脱しているものもあった。こうした特徴は教えることが可能なのか、もしそうならばどのように、というのが、我々の目前にある疑問だ。奨学生たちは世界で最も聡明な人物であることは間違いないが、彼らのために用意した経験がスキルを構築し、共感を深め、将来の挑戦や機会に備えるのに十分なものになるか？

答えは、まだない。当然、我々は過ちもおかすだろう。ありがたいことに、過去30年の年月は間違いを恐れるな、その代わりにそこから学び、調整して前進せよと教えてくれた。また、最初の1歩を踏み出すために、階段が全部見通せていなくても構わない、というマーティン・ルーサー・キング・ジュニア博士の言葉を自分なりに理解することも学んだ。だから、過去から得た知恵と未来に対する好奇心に導かれて、前に踏み出すだけだ。

冒険を始めようと私がここにいるのも、これまで出会った多くの人々の友情、支援、賢明なアドバイスがあってのことで、その何人かについてはこの本でも触れた。そのうちのひとりは、50年近く前にロングアイランド市のキング・カレン食品店で一緒に働いて以来ずっと一緒にいる。妻のアンドレアだ。彼女の冷静さや共感、優れた人間的スキルとサポートがなければ、皆さんがここで読んだほとんどのことを成し遂げることはできなかったし、この素晴らしい瞬間に到達することもできなかった。40年間の仕事を終えて夫は家に戻り、庭仕事をしたり、不器用ながらも勇敢に配管修理に挑んだりすると予想していたかもしれない。その代わりに、あと数年忙殺されるような新しい仕事を始めることになった。これは、これからも私をいつも支えようという彼女の愛と無私の証しだが、同時に20年前のようなゆったりとしたスケジュールではベストは尽くせないことを思い出させてくれた。

我々が構築したプログラムと私に、フィル・ナイトが信頼を置いてくれたことに深く感謝している。そして、ナイト＝ヘネシー奨学生プログラムを実現するために、スティーブ・デニング、ボブ・キング、ジェリー・ヤン、マイク・ヴォルピ、スーザン・マコー、ジョン・ガン、ラム・シュリラムら多くの人々が加わってくれた。

２０１８年1月の週末には最終段階まで残った１０３人を招き、スタンフォード大学を知ってもらうとともに、最終選考を行う前に応募者を知る機会を得た。世界を良い場所にすることに身を捧げる人々のコミュニティと過ごしたこの週末は、興奮と探求と喜びに満ちたものだった。その後、51人に奨学生を絞り込むという難しい仕事に着手した。２０１８年2月半ば、選考された奨学生には私が自分で電話をかけた。この素晴らしい若者たちの出身は21ヶ国に及び、38大学を卒業し、スタンフォード大学全7学部の大学院プログラムに入学する。

彼らが、見識を備え、共感にあふれ、偉ぶらず、そして最高に有能な次世代の世界的リーダーに育つのを手助けする機会。これこそが、私とチームを奮い立たせる。我々がここにいたことで、世界が良い場所になるようにと願う。もし、人生で何かひとつのことで記憶に残されるのならば、私にとってはこのプログラムがそれであってほしい。

謝辞

伴侶でパートナーであるアンドレアは、50年近くにわたって私の人生のインストラクターを務めてくれた。ビジュアル・アーツへの目を養ってくれ、人々を認め感謝の念を忘れないことを思い出させてくれ、偉ぶらないよう戒めてくれた（何といっても、出会った時の私は食料品店の在庫補充係だった）。

私は、人生の中で素晴らしい人々と一緒に仕事をする機会を与えられた。大学院生や同僚の教員らのエクセレンスを求める思いとクリエイティビティによって、私は研究者として、教員として成長することができた。シリコン・グラフィックスやＭＩＰＳ、アセロスでは、素晴らしいリーダーたちと仕事をし、シリコンバレーのスタートアップならではのものすごいペースで学習した。また、アカデミックにおいては、工学部長のジム・ギボンズ、プロボストのコンドリーザ・ライス、学長のゲルハルト・キャスパーら卓越したリーダーたちとも仕事をした。シスコ・システムズやアルファベット（グーグルの親会社）で並外れた人々と役員会メンバーを務めたことは、大組織をどう効果的に運営するのかを教えてくれた。

スタンフォード大学学長時代は、素晴らしい学部長や副学長らと協力しあった。アカデミー面でのパートナーであるプロボストのジョン・エッチェメンディは、アメリカの高等教育機関における最良のプロボストだと私は思っている。

さらに、学長を務めた16年間で70人以上の理事たちと仕事をした。スティーブ・デニング、レスリー・ヒューム、バート・マクマートリー、アイザック・スタインら、任務についた4人の理事会長は献身的でインスピレーションに溢れる人々だった。加えて、最も長期にわたってスタンフォード大学理事を務めたピーター・ビングは、計り知れない知恵を与え続けてくれた。

本書は、シリコンバレー・プレスのジョー・ディヌッチ、シェリル・デュームスニル、アティヤ・ドゥワイヤー、マイク・マローンの助けなしには実現しなかった。ジム・ルヴァインと彼のエージェンシーであるルヴァイン・グリーンバーグ・ロスタン事務所は、著者である私と本書をうまく代理してくれている。スタンフォード大学出版のチームとは、楽しい作業ができた。ウォルター・アイザックソンには、特別な感謝を送りたい。また、ピーター・ビング、スティーブ・デニング、ジョン・エッチェメンディ、アンドレア・ヘネシー、バート・マクマートリー、チャールズ・プローバー、コンドリーザ・ライス、アイザック・スタイン、フィル・トーブマンら、草稿に目を通してくれた人々のアドバイスにも感謝している。プロボストと学長時代を通して、非常に有能な特別アシスタントを務め、ナイト・ヘネシー奨学生プログラムのチームにも加わってくれたジェフ・ワッチテルは、貴重なフィードバックをくれた。結局、彼はこの17年間を通じて最も困難な時にはほとんどいつもそこにいてくれたのだ。

金井真弓訳、英治出版、2008年）

第4章

共感——リーダーと組織を形づくるもの

1. John W. Gardner, *Living, Leading, and the American Dream* (San Francisco: Jossey-Bass, 2003)
2. Sara Josephine Baker, *Fighting for Life* (New York: New York Review, 2013 [1939])

第5章

勇気——組織とコミュニティのために闘う

1. John W. Gardner, *Living, Leading, and the American Dream* (San Francisco: Jossey-Bass, 2003) および、『リーダーへの旅路　本当の自分、キャリア、価値観の探求』（ビル・ジョージ、ピーター・シムズ著、梅津祐良訳、生産性出版、2007年）
2.『リーダーになる』（ウォレン・ベニス著、伊東奈美子訳、海と月社、2008年）

第6章

コラボレーションとチームワーク——何事もひとりではできない

1. Kevin Cashman, *Leadership from the Inside Out: Becoming a Leader for Life* (3rd ed., Oakland: Berrett-Koehler, 2017)
2.『リーダーになる』（ウォレン・ベニス著、伊東奈美子訳、海と月社、2008年）
3.『サーバントリーダーシップ』（ロバート・K・グリーンリーフ著、金井嘉宏監修、金井真弓訳、英治出版、2008年）
4.『リーダーになる』（ウォレン・ベニス著、伊東奈美子訳、海と月社、2008年）

第8章

知的好奇心——生涯学習者となることは、なぜ重要か

1.『リーダーになる』（ウォレン・ベニス著、伊東奈美子訳、海と月社、2008年）
2. David Hackett Fischer, *Washington's Crossing* (New York: Oxford University Press, 2004)

第9章

ストーリーを語る——ビジョンを伝えるために

1. Kevin Cashman, *Leadership from the Inside Out: Becoming a Leader for Life* (3rd ed., Oakland: Berrett-Koehler, 2017)

参考図書

はじめに

1.『サーバントリーダーシップ』(ロバート・K・グリーンリーフ著、金井嘉宏監修、金井真弓訳、英治出版、2008年)
2. John W. Gardner, *Living, Leading, and the American Dream* (San Francisco: Jossey-Bass, 2003)

第1章
謙虚さ——リーダーシップの基本となるもの

1.『リーダーになる』(ウォレン・ベニス著、伊東奈美子訳、海と月社、2008年)
2. David Herbert Donald, *Lincoln* (New York: Simon & Schuster, 1996) および、『リンカーン』(上)(中)(下)(ドリス・カーンズ・グッドウィン著、平岡緑訳、中央文庫、2013年)

第2章
真正であることと信頼——リーダーシップに欠かせない本質的な要素

1.『リーダーになる』(ウォレン・ベニス著、伊東奈美子訳、海と月社、2008年)および、『リーダーへの旅路　本当の自分、キャリア、価値観の探求』(ビル・ジョージ、ピーター・シムズ著、梅津祐良訳、生産性出版、2007年)
2. Kevin Cashman, *Leadership from the Inside Out: Becoming a Leader for Life* (3rd ed., Oakland: Berrett-Koehler, 2017)
3. Kevin Cashman, *Leadership from the Inside Out: Becoming a Leader for Life* (3rd ed., Oakland: Berrett-Koehler, 2017)
4. Kevin Cashman, *Leadership from the Inside Out: Becoming a Leader for Life* (3rd ed., Oakland: Berrett-Koehler, 2017)
5. William Lee Miller, *Lincoln's Virtues: An Ethical Biography* (New York: Vintage, 2003)
6.『コンドリーザ・ライス自伝』(コンドリーザ・ライス著、中井京子訳、扶桑社、2012年)

第3章
奉仕としてのリーダーシップ——誰が誰のために仕えるのかを知る

1.『サーバントリーダーシップ』(ロバート・K・グリーンリーフ著、金井嘉宏監修、金井真弓訳、英治出版、2008年)
2.『サーバントリーダーシップ』(ロバート・K・グリーンリーフ著、金井嘉宏監修、

ジョージ・エリオット（メアリー・アン・エヴァンズ）：複雑な性格を掘り下げ、人間の感情の役割を捉えた素晴らしい小説。

エリザベス・ガスケル：産業革命時に貧民が直面する恐怖の物語と、愛の勝利。

トーマス・ハーディ：善から悪に至る人間の行いの幅、そして善が悪に打ち勝つ小説。

フランク・ハーバート：『デューン』連作の中で創造的に掘り下げられたテクノロジーと空想世界、そして善、悪、リーダーシップ、犠牲の間のせめぎあい。

ホメロス：『イリアス』『オデュッセイア』は、冒険と道徳、倫理的決断を織り交ぜた偉大なる二大小説。

ヴィクトル・ユーゴー：悪と正義の勝利を捉えた偉大なふたつの物語。

ヘンリー・ジェイムズ：ロマンス、プライド、そして人間心理についての小説。

アイン・ランド：野心や、自由企業と私利の価値、そして（私にとっては）否定的な成り行きの描写。

シェイクスピア：喜劇、歴史、悲劇にまたがる人間感情の解明。

ウォーレス・ステグナー：アメリカ西部についての小説と、スタンフォード大学のクリエイティブ・ライティング・プログラムの創設。

ジョン・スタインベック：人間の性格や挑戦を、共感とユーモアを以って捉えた。

J.R.R. トールキン：『指輪物語』三部作におけるクリエイティブなファンタジー世界と、善と悪との奥深い物語。

アンソニー・トロロープ：ことに『バーチェスターの塔』で見られる、ビクトリア時代の社会とジェンダーの問題についての小説。

マーク・トゥウェイン：ユーモアとパトスにおいては、間違いなくアメリカで最も偉大な小説家。

Life (3rd ed., Oakland: Berrett-Koehler, 2017)
Gerhard Casper, *The Winds of Freedom: Addressing Challenges to the University* (New Haven, CT: Yale University Press, 2014)
『完訳　7つの習慣　人格主義の回復』（スティーブン・R・コヴィー著、フランクリン・コヴィー・ジャパン訳、キングベアー出版、2013年）
Robert M. Gates, *A Passion for Leadership: Lessons on Change and Reform from Fifty Years of Public Service* (New York: Vintage, 2016)
『リーダーへの旅路　本当の自分、キャリア、価値観の探求』（ビル・ジョージ、ピーター・シムズ著、梅津祐良訳、生産性出版、2007年）
『サーバントリーダーシップ』（ロバート・K・グリーンリーフ著、金井嘉宏監修、金井真弓訳、英治出版、2008年）
Vartan Gregorian, *The Road to Home: My Life and Times* (New York: Simon & Schuster, 2003)

私が多くを学んだフィクションの作家たち

ダンテ・アリギエリ：『神曲』、ことに『地獄篇』。

アイザック・アシモフ：ファウンデーションやロボットの小説において、人間であるとは何かの物語を遠い未来形で語る。

ジェーン・オースティン：その文章、登場人物、そして人間の感情に対する洞察に満ちた描写、特にそれが決断において果たす役割。

ブロンテ姉妹：『ジェイン・エアー』『嵐が丘』『ワイルドフェル・ホールの住人』など、家族のレガシー。

ウィラ・キャザー：アメリカ西部の小説。

ウィルキー・コリンズ：人間の感情と動機を深く掘り下げた偉大なミステリー。

A.J. クローニン：犠牲と忍耐を取り上げた感動的な小説。

チャールズ・ディケンズ：言葉の使い方、登場人物の性格、イギリス社会における悪の物語。『二都物語』は、今に至るまで私が最も好きな小説の一つだ。ディケンズの正義、愛、忍耐、自己犠牲といった問題の捉え方は、タイムレスなものである。冒頭の一文は、あらゆる小説の中でも最も素晴らしいもののひとつ。

セオドア・ドライサー：個人的な選択が悲劇につながる小説。

『文明：西洋が覇権をとれた６つの真因』（ニーアル・ファーガソン著、仙名紀訳、勁草書房、2012年）
『フラット化する世界』（上）（下）（トーマス・フリードマン著、伏見威蕃訳、日本経済新聞出版、2008年）
Hilda Hookham, *A Short History of China* (New York: New American Library, 1972)
『暴力の人類史』（上）（下）（スティーブン・ピンカー著、幾島幸子、塩原通緒訳、青土社、2015年）
『愚行の世界史　トロイアからベトナムまで』（上）（下）（バーバラ・W・タックマン著、大社淑子訳、中央公論新社、2009年）
『アメリカ後の世界』（ファリード・ザカリア著、楡井浩一訳、徳間書店、2008年）

企業、政府、アカデミアにおけるリーダーシップ

John W. Gardner, *Living, Leading, and the American Dream* (San Francisco: Jossey-Bass, 2003)

ジョン・W・ガードナーは、政府、非営利組織界、そしてアカデミーにおけるリーダーシップ職で成功を収めた。彼の名言「我々は皆、次々と素晴らしい機会に恵まれる。ただ、それらは解決不可能な問題に仮装している」は、いつもインスピレーションの源だった。リンドン・ジョンソン政権下で保健福祉省（HEW）長官を務める共和派として、彼はメディケアを構想し、その誕生に貢献した。自身の信念を守り、ベトナム戦争には賛同できないとして閣僚の地位を辞任した。公共利益団体のコモン・コーズを創設し、アメリカ公共放送社（CPB）の設立を率いた。彼が逝去する少し前に小さなランチの集まりで会ったことがあるが、決して忘れることのない思い出だ。ガードナーのこの本は、彼の広範な経験から引き出されたリーダーシップに関するレッスンである。

『リーダーになる』（ウォレン・ベニス著、伊東奈美子訳、海と月社、2008年）
William G. Bowen, ed. Kevin M. Guthrie, *Ever the Leader: Selected Writings 1995–2016* (Princeton, NJ: Princeton University Press, 2018)
Kevin Cashman, *Leadership from the Inside Out: Becoming a Leader for*

世界史：20世紀

『ピースメイカーズ　1919年パリ講和会議の群像』（上）（下）（マーガレット・マクミラン著、稲村美貴子訳、芙蓉書房出版、2007年）

謙虚さよりも欲深さが、パリ講和会議の物語だった。連合国の報復は、ウィルソンの効果のなさと相まってドイツに巨額の賠償金を課し、それがヒットラーの隆盛を許す環境を生んだ。第一次世界大戦のきっかけを取り上げたバーバラ・W・タックマンの著作とともに、本書はちょっとした悪癖が戦争を起こし、非常に不幸な結末を招いたことを描いている。

『世界恐慌　経済を破綻させた4人の中央銀行総裁』（上）（下）（ライアカット・アハメド著、吉田利子訳、筑摩書房、2013年）

『ロマノフ王家の終焉　ロシア最後の皇帝ニコライ二世とアナスタシア皇女をめぐる物語』（ロバート・K・マッシー著、今泉菊雄訳、鳥影社、1999年）

『八月の砲声』（上）（下）（バーバラ・W・タックマン著、山室まりや訳、筑摩書房、2004年）

文明とその発展史：古代と現代

『銃・病原菌・鉄』（上）（下）（ジャレド・ダイアモンド著、倉骨彰訳、草思社、2012年）

ダイアモンドによる本書は、興味深い仮説を提示する。つまり、文化的な違いよりも地理的、および他の自然要素の方が社会の大きな違いを生むというものだ。ダイアモンドが挙げるいくつかの例には感服せずにはいられないが、その主張が通用しないように見えるケースもある。これと面白い比較となるのが、ニーアル・ファーガソンによる文明発展に関する著作で、ここでは文化的システムと法的システムが違いを生んだという、同じように抗しがたい例を挙げている。いずれも、不完全とは言え優れたテーマを提示している。

『神の歴史　ユダヤ・キリスト・イスラーム教全史』（カレン・アームストロング著、高尾利数訳、柏書房、1995年）

『マネーの進化史』（ニーアル・ファーガソン著、仙名紀訳、早川書房、2015年）

込んで母国防衛のために戦った。
『ローマ帝国衰亡史』（1）～（10）（エドワード・ギボン著、中野好之訳、筑摩書房、1996年）
『歴史』（上）（中）（下）（ヘロドトス著、松平千秋訳、岩波書店、1971年）
Donald Kagan, *The Peloponnesian War* (New York: Viking, 2003)
Barbara Mertz, *Temples, Tombs & Hieroglyphs: A Popular History of Ancient Egypt* (New York: Dodd, Mead, 1964)
Ian Shaw (editor), *The Oxford History of Ancient Egypt* (Oxford, UK; New York: Oxford University Press, 2000)
『歴史』（上）（下）（トゥキュディデス著、小西晴雄訳、筑摩書房、2013年）

世界史：近世から現代まで

『遠い鏡　災厄の14世紀ヨーロッパ』（バーバラ・W・タックマン著、徳永守儀訳、朝日出版社、2013年）
悲劇的な戦争、厳しい生活、尊大な封建的社会を伴った14世紀を描いたタックマンの本書は、騎士道が利点のない階級区分であったという虚飾を捉えている。
Roger Crowley, *City of Fortune: How Venice Ruled the Seas* (New York: Random House, 2012)
Roger Crowley, *Empires of the Sea: The Siege of Malta, the Battle of Lepanto, and the Contest for the Center of the World* (New York: Random House, 2008)
Roger Crowley, *1453: The Holy War for Constantinople and the Clash of Islam and the West* (New York: Hyperion, 2006)
Dominic Greene, *Three Empires on the Nile: The Victorian Jihad, 1869–1899* (New York: Free Press, 2007)
Timothy E. Gregory, *A History of Byzantium* (Malden, MA: Blackwell, 2005)

この１冊を選ぶのも至難の業だった。この分野には感動すべき優れた著作がたくさんあるからだ。本書を選んだのは、フランシス・パーキンスからドワイト・アイゼンハワー、ドロシー・デイまで、彼らがリーダーにいたるまでの成長の物語を語っているからである。私自身が重要だと考えるリーダーシップの側面の多くが、著者が取り上げる人物の中にある。

『告白』（Ⅰ）（Ⅱ）（Ⅲ）（アウグスチヌス著、山田晶訳、中央公論新社、2014年）

『自省録』（マルクス・アウレリウス著、神谷美恵子訳、岩波書店、2007年）

Anthony Doerr, *Four Seasons in Rome: On Twins, Insomnia, and the Biggest Funeral in the History of the World* (New York: Scribner, 2007)

『アンネの日記』（アンネ・フランク著、深町真理子訳、文藝春秋、2003年）

『死すべき定め　死にゆく人に何ができるか』（アトゥール・ガワンデ著、原井宏明訳、みすず書房、2016年）

『いま、希望を語ろう　末期がんの若き医師が家族と見つけた「生きる意味」』（ポール・カラニシ著、田中文訳、早川書房、2016年）

『最後の授業 ぼくの命があるうちに』（ランディ・パウシュ著、矢羽野薫訳、武田ランダムハウス・ジャパン、2012年）

Abraham Verghese, *My Own Country: A Doctor's Story* (New York: Simon & Shuster, 1994)

Abraham Verghese, *The Tennis Partner* (New York: HarperCollins, 1998)

『夜』（エリ・ヴィーゼル著、村上光彦、みすず書房、2010年）

世界史：古代

John R. Hale, *Lords of the Sea: The Epic Story of the Athenian Navy and the Birth of Democracy* (New York: Viking, 2009)

ジョン・R・ヘイルは、偉大なる作家にして偉大なる講演者でもある。アテネの歴史について書かれた彼の本は、多くのことを教えてくれた。アテネは、間違いなく交易に大きく依存した初めての文明だったが（ローマがこれに次ぐ）、同時に民主国家で、一般市民がガレー船に乗り

『人類が知っていることすべての短い歴史』（上）（下）（ビル・ブライソン著、楡井浩一訳、新潮社、2014年）
『ホーキング、宇宙を語る　ビッグバンからブラックホールまで』（スティーヴン・W・ホーキング著、林一訳、早川書房、1995年）
『ゲーデル、エッシャー、バッハ　あるいは不思議の環』（ダグラス・R・ホフスタッター著、野崎昭弘、柳瀬尚紀、はやしはじめ訳、白揚社、2005年）
『ファスト&スロー　あなたの意思はどのように決まるか？』（上）（下）（ダニエル・カーネマン著、村井章子訳、早川書房、2012年）
『量子革命　アインシュタインとボーア、偉大なる頭脳の激突』（マンジット・クマール著、青木薫訳、新潮社、2013年）
『ユークリッドの窓　平行線から超空間にいたる幾何学の物語』（レナード・ムロディナウ著、青木薫訳、筑摩書房、2015年）
『遺伝子　親密なる人類史』（上）（下）（シッダールタ・ムカジー著、中野徹、田中文訳、早川書房、2018年）
Robert Sapolsky, *Monkeyluv: And Other Lessons on Our Lives as Animals* (New York: Vintage, 2006)
『なぜシマウマは胃潰瘍にならないか　ストレスと上手につきあう方法』（ロバート・M・サポルスキー著、栗田昌裕監修、森平慶司訳、シュプリンガー・フェアラーク東京、1998年）
『シグナル&ノイズ　天才データアナリストの「予測学」』（ネイト・シルバー著、西内啓、川添節子訳、日経BP、2013年）
『ブラックホール戦争　スティーヴン・ホーキングとの20年越しの闘い』（レオナルド・サスキンド著、林田陽子訳、日経BP、2009年）
Lewis Thomas, *A Long Line of Cells: Collected Essays* (n.p.: Book of the Month Club, 1990)
『忙しすぎる人のための宇宙講座』（ニール・ドグラース・タイソン著、渡部純一監修、田沢恭子訳、早川書房、2018年）

生きる価値ある人生（フィクションのリストも参照のこと）

『あなたの人生の意味』（上）（下）（デイヴィッド・ブルックス著、夏目大訳、早川書房、2018年）

and America in the 19th Century (New York: Touchstone, 2000)
Marc J. Seifer, *Wizard: The Life and Times of Nicola Tesla: Biography of a Genius* (New York: Citadel, 1998)
Randall Stross, *The Wizard of Menlo Park: How Thomas Alva Edison Invented the Modern World* (New York: Three Rivers Press, 2007)

イノベーターたち：20世紀

『ライト兄弟　イノベーション・マインドの力』（デヴィッド・マカルー著、秋山勝訳、草思社、2017年）

私は、デヴィッド・マカルーによるイノベーターやイノベーションの著作が好きだが、とりわけ本書は逸品である。ライト兄弟は情熱、好奇心、不屈さとビジョンを組みあわせた。飛行のメカニズムや制御問題を理解することに集中したことが、彼らの成功の核になっている。

Leslie Berlin, *Troublemakers: Silicon Valley's Coming of Age* (New York: Simon & Schuster, 2017)
『エニグマ　アラン・チューリング伝』（上）（下）（アンドルー・ホッジズ著、土屋俊、土屋希和子訳、勁草書房、2015年）
『イノベーターズ　天才、ハッカー、ギークが織りなすデジタル革命史』（Ⅰ）（Ⅱ）（ウォルター・アイザックソン著、井口耕二訳、講談社、2019年）
『スティーブ・ジョブズ』（Ⅰ）（Ⅱ）（ウォルター・アイザックソン著、井口耕二訳、講談社、2011年）
『インテル　世界で最も重要な会社の産業史』（マイケル・S・マローン著、土方奈美訳、文藝春秋、2015年）

科学、数学、そしてテクノロジー：その歴史と発展（社会科学も含む）

『がん　4000年の歴史』（上）（下）（シッダールタ・ムカジー著、田中文訳、早川書房、2016年）

がん治療の歴史を扱ったシッダールタ・ムカジーのこの本には釘づけになるし、この病気の本質と共に、医学的な発展の困難さに対する深い洞察が得られる。

『処女峰アンナプルナ　最初の8000m峰登頂』（モーリス・エルゾーグ著、山と渓谷社、近藤等訳、2012年）
『完全版　知恵の七柱』（1）～（5）（T.E.ロレンス著、田隅恒訳、平凡社、2008年）
『白鯨との闘い』（ナサニエル・フィルブリック著、相原真理子訳、集英社、2015年）

イノベーターたち：ルネサンスから18世紀まで

『レオナルド・ダ・ビンチ』（上）（下）（ウォルター・アイザックソン著、土方奈美訳、文藝春秋、2019年）
「ルネサンスマン」という表現の源ともなった人物を取り上げたこの本で、アイザックソンは、自らの好奇心を追求した発明家、アーティスト、科学者としてのレオナルドの生涯を描いている。無数の未完プロジェクト（これはレオナルドの習慣だった）にもかかわらず、彼は消すことのできない業績を世界に残した。
『天才建築家ブルネレスキ　フィレンツェ・花のドームはいかにして建設されたか』（ロス・キング著、田辺希久子訳、東京書籍、2002年）
『経度への挑戦』（デーヴァ・ソベル著、藤井留美訳、角川書店、2010年）

イノベーターたち：19世紀

『ダーウィンの「種の起源」』（ジャネット・ブラウン著、長谷川眞理子訳、ポプラ社、2007年）
ダーウィンは魅力的な人物である。科学が天職であると知るまでに苦労し、ビーグル号で航行したほとんどの時間は船酔いに悩まされた。しかし、彼の科学的好奇心や細心の観察力と記録は、生命の底流にある根本的な教義のひとつを発見し、立証することを可能にした。
『海と海をつなぐ道　パナマ運河建設史』（デーヴィッド・マカルー著、鈴木主税訳、フジ出版社、1986年）
David McCullough, *The Path Between the Seas: The Creation of the Panama Canal, 1870–1914* (New York: Simon & Schuster, 1977)
Witold Rybczynski, *A Clearing in the Distance: Frederick Law Olmsted*

世界の他のリーダーたち：現代

Robert K. Massie, *Peter the Great: His Life and World* (New York: Alfred A. Knopf, 1980)

ピョートル大帝は、時代遅れの中世の国だったロシアをヨーロッパの大国に仕立て上げた。彼は、自国を出てヨーロッパ諸国から学ぼうと旅を始めたが、その間には留学や造船工としての見習いも含まれていた。数々の反対を押し切ってロシアを現代化するという彼の信念は驚くべきもので、また、ロシア全体を治める皇帝であるにもかかわらず、助けを求め謙虚になるというその姿勢も同様に素晴らしい。

『ガーンディー自叙伝　真理へと近づくさまざまな実験』（1）（2）（M. K. ガーンディー著、田中敏雄訳、平凡社、2000年）

Roy Jenkins, *Churchill: A Biography* (New York: Macmillan, 2001)

『自由への長い道　ネルソン・マンデラ自伝』（上）（下）（ネルソン・マンデラ著、東江一紀訳、NHK出版、1996年）

『エカチェリーナ大帝　ある女の肖像』（上）（下）（ロバート・K・マッシー著、北代美和子訳、白水社、2014年）

Andrew Roberts, *Napoleon: A Life* (New York: Penguin, 2014, 2015)

リーダーと冒険

『エンデュアランス　史上最強のリーダーシャクルトンとその仲間はいかにして生還したか』（アルフレッド・ランシング著、山本光伸訳、パンローリング、2014年）

アーネスト・シャクルトンの旅は、これまでで最も偉大な冒険におけるリーダーシップの物語のひとつであることは間違いない。南極の氷塊に座礁して、船は壊れる。彼は船員を率い、2つの大洋を救命ボートで1000マイル以上航行する。シャクルトンのリーダーシップとチームビルディングのスキルがなければ、過酷な旅を生き抜き、誰ひとり失うことなく救助まで達成させることはできなかった。

『ヒトラーのオリンピックに挑め　若者たちがボートに託した夢』（上）（下）（ダニエル・ジェイムズ・ブラウン著、森内薫訳、早川書房、2016年）

政治的理由によって始まった対外戦争として、その後続く数々のアメリカの失敗の最初の例となった。

Rick Atkinson, *An Army at Dawn: The War in North Africa, 1942–1943* (New York: Henry Holt, 2002); *The Day of Battle: The War in Sicily and Italy, 1943–1944* (New York: Henry Holt, 2007); *The Guns at Last Light: The War in Western Europe, 1944–1945* (New York: Picador, 2013)

Jonathan R. Cole, *The Great American University: Its Rise to Preeminence, Its Indispensable National Role, Why It Must Be Protected* (New York: Public Affairs, 2009, 2012)

David M. Kennedy, *The American People in World War II: Freedom from Fear, Part II* (Oxford, UK; New York: Oxford University Press, 1999)

『原子爆弾の誕生』（上）（下）（リチャード・ローズ著、神沼二真、渋谷泰一訳、紀伊國屋書店、1995年）

Ted Sorensen, *Counselor: A Life on the Edge of History* (Norwalk, CT: Easton Press, 2008)

世界の他のリーダーたち：古代

Donald Kagan, *Pericles of Athens and the Birth of Democracy* (New York: Free Press, 1991)

この本は、同じくドナルド・ケーガンによる1巻本のペロポネソス戦争の歴史を読んだ後に手に取った。ペリクレスは、アテネの黄金期を通じで30年間も同国を主導し、同時期に民主主義は拡大した。アテネの影響力と経済力は大きくなり、芸術は栄え、パルテノンなどの建設プロジェクトが遂行された。

Anthony Everitt, *Augustus: The Life of Rome's First Emperor* (New York: Random House, 2006)

Harold Lamb, *Alexander of Macedon* (various editions; first published New York: Doubleday, 1946)

Harold Lamb, *Hannibal: One Man Against Rome* (various editions; first published 1958)

Richard Winston, *Charlemagne* (various editions; first published London: Eyre & Spottiswoode, 1956)

この本は、アンドリュー・ジャクソンの隆盛から米墨戦争までをカバーする。それはアメリカ合衆国の急速な発展と変化、社会の発展における宗教の影響、そして奴隷制、女性の権利、米墨戦争に対する深い対立についての物語である。

Stephen Ambrose, *Nothing Like It in the World: The Men Who Built the Transcontinental Railroad, 1863–1869* (New York: Simon & Schuster, 2000)

『アメリカのデモクラシー』（上）（下）（アレクシス・ド・トクヴィル著、松本礼二訳、岩波書店、2008年）

James M. McPherson, *Battle Cry of Freedom: The Civil War Era* (Oxford, UK; New York: Oxford University Press, 1988)

『メタフィジカル・クラブ　米国100年の精神史』（ルイ・メナンド著、野口良平、那須耕介、石井素子訳、みすず書房、2011年）

『ミシシッピの生活』（上）（下）（マーク・トウェイン著、吉田映子訳、彩流社、1995年）

Richard White, Railroaded: *The Transcontinentals and the Making of Modern America* (New York: W.W. Norton, 2011)

Gordon S. Wood, *Empire of Liberty: A History of the Early Republic, 1789– 1815* (Oxford, UK; New York: Oxford University Press, 2009)

Richard Zacks, *The Pirate Coast: Thomas Jefferson, The First Marines, and the Secret Mission of 1805* (New York, Hyperion, 2005)

アメリカ史：20世紀

『ザ・コールデスト・ウィンター　朝鮮戦争』（上）（下）（デイヴィッド・ハルバースタム著、山田耕介、山田侑平訳、文藝春秋、2009年）

ハルバースタムはベトナム戦争史でよく知られている（『ベスト＆ブライテスト』）が、本書は戦勝に対するアメリカの欺瞞は、第二次世界大戦の影響を受けた朝鮮戦争に始まったことを示している。朝鮮半島の厳しい冬への準備ができていなかったこと、中国の介入に対するマッカーサーの誤算などを含めた数多くの間違いがあり、それが大きな損害と膠着をもたらし、マッカーサーは公にトルーマン大統領と対立して解任されることになる。朝鮮戦争はおそらく、先制攻撃を仕掛けた、あるいは

(New York: Random House, 2007, 2009)
Robert Caro, *The Power Broker: Robert Moses and the Fall of New York* (New York: Alfred A. Knopf, 1974)
『タイタン』（上）（下）（ロン・チャーナウ著、井上広美訳、日経BP社、2000年）
『わが人生』（キャサリン・グラハム著、小野善邦訳、ティビーエスブリタニカ、2007年）『不屈の男　アンブロークン』（ロローラ・ヒレンブランド著、ラッセル秀子訳、角川書店、2016年）
『キッシンジャー　世界をデザインした男』（上）（下）（ウォルター・アイザックソン著、別宮貞徳訳、日本放送出版協会、1994年）
『SHOE DOG（シュードッグ）』（フィル・ナイト著、大田黒奉之訳、東洋経済新報社、2017年）
『ダグラス・マッカーサー』（上）（下）（ウィリアム・マンチェスター著、鈴木主税、高山圭訳、河出書房新社、1985年）
Lynne Olson, *Citizens of London: The Americans Who Stood with Britain in Its Darkest, Finest Hour* (New York: Random House, 2010)
『コンドリーザ・ライス自伝』（コンドリーザ・ライス著、中井京子訳、扶桑社、2012年）
William Tecumseh Sherman, *Memoirs of General W. T. Sherman* (New York: Penguin, 2000[1875])
T. J. Stiles, *The First Tycoon: The Epic Life of Cornelius Vanderbilt* (New York: Alfred A. Knopf, 2009)
『奴隷より立ち上がりて』（ブッカー・トラバ・ワシントン著、中央大学出版部、1978年）

アメリカ史：19世紀

Daniel Walker Howe, *What Hath God Wrought: The Transformation of America, 1815–1848* (Oxford, UK; New York: Oxford University Press, 2007)

私は、オックスフォード大学出版のアメリカ史シリーズ（Oxford History of the United States）の熱心な読者で、シリーズのほとんどがこのリストのどこかに出ている。ダニエル・ウォーカー・ハーウィー著のリカ独立戦争にフランスを参戦させることに動き、ヨークタウンの勝利はフランス海軍の力によってもたらされた。「オールド・ベン」には敬愛すべきこと、学ぶべきことが多い。

『ハミルトン　アメリカ資本主義を創った男』（上）（下）（ロン・チャーナウ著、井上廣美訳、日経BP社、2019年）

David Hackett Fischer, *Champlain's Dream* (New York: Simon & Schuster, 2008)

David Hackett Fischer, *Paul Revere's Ride* (New York: Oxford University Press, 1994)

Walter Isaacson, *Benjamin Franklin: An American Life* (New York: Simon & Schuster, 2003)

Jack Rakove, *Original Meanings: Politics and Ideas in the Making of the Constitution* (New York: Alfred A. Knopf, 1996)

Cokie Roberts, *Ladies of Liberty: The Women Who Shaped Our Nation* (New York: HarperCollins, 2016

その他のアメリカのリーダーたち

David Garrow, *Bearing the Cross: Martin Luther King, Jr., and the Southern Christian Leadership Conference* (New York: HarperCollins, 1986)

この１冊を選ぶのは厳しいものだった。というのも、この分野では価値ある書籍が多くあるからだ。マーティン・ルーサー・キング（MLK）のこの伝記を選んだのは、彼のリーダーシップへの道が乗り気でないところから始まり、数多くの障害があったからである。最後には、待ち受ける危険も顧みず、リーダーシップという天職のために立ち上がった人物の物語となっている。

Sara Josephine Baker, *Fighting for Life* (New York: New York Review, 2013 [1939])

『オッペンハイマー　「原爆の父」と呼ばれた男の栄光と悲劇』（上）（下）（カイ・バード、マーティン・シャーウィン著、河邉俊彦訳、PHP研究所、2007年）

Elisabeth Bumiller, *Condoleezza Rice: An American Life: A Biography*

Library, 2001), *Theodore Rex* ((New York: Modern Library, 2002), *Colonel Roosevelt* (New York: Random House, 2010)

セオドア・ルーズベルトは、スポーツマン、知識人、無類の読書家、歴史家、冒険家、改革者、牧場経営者、そしてありそうにない大統領であるという点で、途方もない人物だった。彼は病弱を克服し、政府官庁を革新し、反トラストに取り組み、国立公園システムを創設し、日露戦争を終焉させ、60歳代になってからアマゾン川上流の奥深くを探検した。なんという人生だろうか。

H. W. Brands, *Andrew Jackson: His Life and Times* (New York: Doubleday, 2005)

Robert Caro, Master of the Senate: *The Years of Lyndon Johnson* (New York: Alfred A. Knopf, 2002)

Timothy Egan, The Big Burn: *Teddy Roosevelt and the Fire That Saved America* (New York: Mariner Books, 2010)

Joseph Ellis, *American Sphinx: The Character of Thomas Jefferson* (New York: Alfred A. Knopf., 1997)

Ulysses S. Grant, *The Personal Memoirs of U. S. Grant, 3 volumes* (Cambridge, Mass.: The Belknap Press of Harvard University Press, 2017)

David McCullough, *John Adams* (New York: Simon & Schuster, 2001)

David McCullough, *Truman* (New York: Simon & Schuster, 1992) Jack McLaughlin, *Jefferson and Monticello: The Biography of a Builder* (New York: Henry Holt, 1988)

アメリカの建国者、初期のリーダーたちとその時代

H. W. Brands, *The First American: The Life and Times of Benjamin Franklin* (New York: Doubleday, 2000)

ベンジャミン・フランクリンは、ある意味では建国者の中でも飛び抜けていた。科学者であり、作家であり、そして政治家だ。貧しい生い立ちから始まって、ルネッサンスマンになった人物である。彼が組織したジュントー（読書、討論クラブ）は知識人ソサエティーのモデルとなり、ストーブからグラス・ハーモニカにいたる彼の発明は本当に素晴らしい。作家としても多作で洞察に満ちていた。外交官としては、誰よりもアメ

岡緑訳、中央文庫、2013年）
私に深い影響を与えた多くの書籍の中から、1冊を選ばなければならなかった。本書を選んだのはチームビルディング、協力、謙虚さ、道徳的指針の保持、勇気について鮮やかな考察を行なっているからだ。
David Herbert Donald, *Lincoln* (New York: Simon & Schuster, 1996)
James McPherson, *Tried by War: Abraham Lincoln as Commander in Chief* (New York: Penguin Press, 2008)
William Lee Miller, *Lincoln's Virtues: An Ethical Biography* (New York: Vintage, 2003)
Ronald C. White Jr., *Lincoln's Greatest Speech: The Second Inaugural* (New York: Simon & Schuster, 2002)

フランクリン・デラノ・ルーズベルト（FDR）とその時代

David Kennedy, *Freedom from Fear: The American People in Depression and War, 1929–1945* (New York: Oxford University Press, 1999)
本書は伝記というよりも歴史本だが、1932年の大統領選挙から逝去時までのFDRが大きく取り上げられている。大恐慌時に彼が行なった炉辺談話（国民向けラジオ演説）、大恐慌と失業という災難を和らげるためにとった行動、チャーチルとの関係やイギリスとの同盟、第二次世界大戦で勝利を収めるための全面的な努力は、彼が確固たる意志を持ったリーダーであることを示している。
H. W. Brands, *Traitor to His Class: The Privileged Life and Radical Presidency of Franklin Delano Roosevelt* (New York: Anchor Books, 2008)
『フランクリン・ローズヴェルト』（上）（下）（ドリス・カーンズ・グッドウィン著、砂村榮利子、山下淑美訳、中央公論新社、2014年）
Jon Meacham, *Franklin and Winston: An Intimate Portrait of an Epic Friendship* (New York: Random House, 2003)

他の大統領たちとその時代

Edmund Morris, *The Rise of Theodore Roosevelt* (New York: Modern

締めくくりとして

私が多くを学んだ書籍のリスト

ここに挙げるのは、これまでの年月で私が読み、そして多くを学んだ書籍のセレクションである。ノンフィクションはトピックごとにまとめ、その中でさらに1冊を顕著なものとして選んで、どんな洞察を得たかも書き添えた。だいたいにおいて、私はリーダーシップ関連よりも伝記や歴史本が好みだが、リーダーシップ本も本書の内容に直接関係あるものは何冊か取り上げている。最後には、フィクション作家の短いリストを加えているが、彼らは特に人生をどう生きるべきかについて教えてくれた人々である。

ワシントンとその時代

David Hackett Fischer, *Washington's Crossing* (New York: Oxford University Press, 2004)

ニューヨークでの一連の敗北後、ワシントンが攻撃に転じたアメリカ独立戦争の重要な時期を記した歴史本。(Crossingというのは、新たな戦略に踏み込んだ個人的な転換を指すと同時に、デラウェアの文字通りの交差点を表している。デヴィッド・マカルーの著書も同時期を取り上げたもの。いずれも、人々の中にあろうとするワシントンの謙虚さと、平等や実力主義に対する彼の考えに重点を置いている。

Ron Chernow, *Washington: A Life* (New York: Penguin Press, 2010)

David McCullough, *1776* (New York: Simon & Schuster, 2005)

リンカーンとその時代

『リンカーン』(上)(中)(下)(ドリス・カーンズ・グッドウィン著、平

［著者］
ジョン・L・ヘネシー（John L. Hennessy）
グーグルの親会社であるアルファベット現会長。スタンフォード大学第10代学長。同名誉学長。ナイキ創業者フィル・ナイトとともに設立したナイト＝ヘネシー奨学生プログラム理事長。コンピュータ・サイエンスが専門で、1977年よりスタンフォード大学で教え、2000年から2016年まで同学長を務める。1984年に大学発ベンチャーの草分けであるMIPSコンピュータ・システムズ（現MIPSテクノロジーズ）を設立した。2004年からグーグルの取締役を務め、2018年2月にエリック・シュミットの後任として、グーグルを傘下に持つアルファベットの会長に指名された。計算機科学におけるノーベル賞と呼ばれるチューリング賞やIEEE栄誉賞などコンピュータ分野の世界最高賞の受賞歴が多数ある。

［訳者］
瀧口範子（たきぐち・のりこ）
ジャーナリスト、編集者。テクノロジー、ビジネス、建築・デザイン、文化一般に関する原稿執筆を行う。上智大学外国語学部卒業。1996年から1998年まで、フルブライト奨学生として、スタンフォード大学工学部コンピュータ・サイエンス学科にて客員研究員。現在、シリコンバレーと日本を往復して活動する。著書に『行動主義 レム・コールハースドキュメント』（TOTO出版）など、訳書に『人工知能は敵か味方か』（日経BP）、『独裁体制から民主主義へ 権力に対抗するための教科書』（筑摩書房）などがある。

スタンフォード大学名誉学長が教える
本物のリーダーが大切にすること

2020年11月17日　第1刷発行
2020年12月8日　第2刷発行

著　者――ジョン・L・ヘネシー
訳　者――瀧口範子
発行所――ダイヤモンド社
〒150-8409　東京都渋谷区神宮前6-12-17
https://www.diamond.co.jp/
電話／03·5778·7233（編集）　03·5778·7240（販売）
装丁――――山田知子（chichols）
本文デザイン・DTP――岸和泉
校正――――鷗来堂・三森由紀子
製作進行――ダイヤモンド・グラフィック社
印刷――――新藤慶昌堂
製本――――ブックアート
編集担当――木下翔陽

ISBN 978-4-478-10588-7